刊影流年

刊影流年

何宝民 著

中原出版传媒集团
中原传媒股份公司

大象出版社

郑州

图书在版编目(CIP)数据

刊影流年 / 何宝民著. — 郑州：大象出版社，2018.12
ISBN 978-7-5347-9834-4

Ⅰ.①刊… Ⅱ.①何… Ⅲ.①期刊—研究—中国—民国 Ⅳ.①G239.296

中国版本图书馆CIP数据核字(2018)第141568号

刊影流年
何宝民 著

出 版 人	王刘纯
责任编辑	郑强胜　连　冠
责任校对	李婧慧　安德华
封面设计	张　涛　谷　晓
版式设计	王　敏

出版发行	大象出版社（郑州市开元路16号　邮政编码450044） 发行科　0371-63863551　总编室　0371-65597936
网　　址	www.daxiang.cn
印　　刷	北京汇林印务有限公司
经　　销	各地新华书店经销
开　　本	787mm×1092mm　1/32
印　　张	10.25
字　　数	209千字
版　　次	2018年12月第1版　2018年12月第1次印刷
定　　价	46.00元

若发现印、装质量问题，影响阅读，请与承印厂联系调换。
印厂地址　北京市大兴区黄村镇南六环磁各庄立交桥南200米（中轴路东侧）
邮政编码　102600　　　电话　010-61264834

目 录

序 / 1

《京报副刊》与董作宾的散文 / 1
《创造》与冯沅君和王品青 / 12
《文学周报》与陆侃如的《小梅尺牍》 / 23
徐旭生的一本杂志和两本书 / 34
杨丙辰与《文学评论》及其他 / 46
赵清阁的《弹花》 / 58

《狮吼》复活号与画家卢世侯 / 68
《上海漫画》与汪子美的《新八仙过海图》 / 81
《六艺》和《文坛茶话图》 / 92
《时代漫画》和《漫画界》上的鲁迅 / 105

《论语》上《京话》作者的性别 / 118

《刁斗》与赵少侯等山大教授 / 129

《小说》半月刊与荒煤和丽尼 / 139

《新小说》的"文艺通俗化"试验 / 149

一柳二罗与《人生与文学》/ 161

徐迟的《纯文艺》与劳伦斯 / 172

《文笔》的编者与作者 / 183

《西洋文学》与吴兴华和《尤利西斯》/ 193

《文帖》与周越然的书话 / 204

黎明社与《黎明》/ 215

《文章》中的文学和文学之外的文章 / 224

《读书与出版》的创刊、停刊、复刊与终刊 / 234

《文艺时代》与北平学人的新诗 / 244

方然的《呼吸》/ 256

《人世间》的来龙去脉 / 266

《文艺劳动》和"新中国文学期刊" / 282

"第三种人"与《星火》/ 294

曾今可与《新时代》月刊和"词的解放运动" / 305

后记 / 317

序

《刊影流年》是我近几年浮沉刊海的第三本札记。

第一本《纸页上的文学记忆：民国文学短刊经眼录》（海燕出版社出版），集中短刊介绍。第二本《旧时文事：民国文学旧刊寻踪》（福建教育出版社出版），重在文事钩沉。

我在前两本书的《小引》和《后记》中述说写作的缘由："民国文学旧刊，以它拥有的无可替代的史料性和客观性，展示出丰富的多彩。"展卷阅读，"让我感受到一个时代的文学气场。一份刊物、一个栏目、一篇文章、一幅漫画……一种历史氛围的还原，促使我在明日黄花中钩沉辑录，去寻觅已经消逝或被消失的陈迹"。捡拾被遮蔽的文字或被遗忘的细节，走笔成文中，"间或补充近年发现的新的资料，或纠正以往记载的某些不确，或揭示表象底下潜隐的本真"。

这一本是《旧时文事：民国文学旧刊寻踪》的"续编"。全书二十八篇文字，大体分为五个部分：

第一部分主要写河南籍的学者作家与期刊，追念几位南阳乡贤。董作宾是甲骨研究的大师，他的散文也不乏清雅隽永的华章。杨丙辰是不能遗忘却被遗忘半个多世纪的著名学者，他在中国德语学科的开拓之功后人当铭记心怀。

第二部分记插图、漫画与期刊。20世纪30年代文学期刊装帧的美轮美奂，画家当居首功。卢世侯、汪子美的非凡的艺术才华令人倾慕，画家现实生活中的坎坷遭遇则让人不胜痛惜。

第三和第四两部分记录了20世纪30年代和40年代出版的十六种期刊，大都是很少为人提及或难得一见的珍刊。《刁斗》中展示了山东大学教授的风采；《人生与文学》中突显了清华学人的小说家才情；当年青年诗人吴兴华在《文艺时代》上的新诗创作实验，今日已成学界的一个热门话题；《文艺劳动》是中华人民共和国成立之前，在未来的首都北平出版的由共产党主管的第一份文学月刊，显示了"新中国文学期刊"的基本形态；《纯文艺》对劳伦斯作品的推荐，《西洋文学》对乔伊斯《尤利西斯》的译介，都开创了中国翻译文学史的先河。

第五部分说两种期刊：《星火》是"第三种人"编辑的刊物，而"第三种人"在中国现代文学史上曾留下污名。《新时代》的主编曾今可，因"词的解放运动"被批得声名狼藉。这里提供的原刊的印象，或许有助于调整现代文学史的固有结论。

流年似水，旧日期刊如今已成故纸残页。全书配发一百七十余帧旧刊图片，希冀在它们灰飞烟灭之前，留下点旧时月色。

《京报副刊》与董作宾的散文

一

董作宾先生,原名董守仁,字彦堂,号平庐。1895年生于河南南阳,1963年病逝于台北。他是世界知名的甲骨学者,在古文字学、历史学、考古学、民俗学等人文学科诸方面,都有卓越的建树。

1928年,董作宾受命主持安阳小屯殷墟遗址的第一次发掘,1936年夏因日寇入侵国运危重,第十五次发掘之后中止,历时十年之久。甲骨文学家石璋如说:"董作宾先生是殷墟发掘的开山,是殷墟发掘的台柱。前七次发掘每次必与,后八次的发掘,也常往参加。"(《董作宾先生与殷墟发掘》)他始终站在甲骨研究的前沿,取得了一系列重要成果。1933年完成的《甲骨文断代研究例》,为甲骨学史上划时代的名作。他建立的甲骨文断代学说,振聋发聩,钩深致远,为甲骨学辟出康庄大道。1945年出版了《殷历谱》。主持编辑的《殷墟文字甲编》《殷墟文字乙编》《殷墟文字外编》也先后

董作宾　　　　　　　　　　　《京报副刊》第四十六号

出版。1978年，台湾艺文印书馆出版了《董作宾先生全集》（以下称《全集》）十二卷，收入了董作宾的专著和甲骨学、殷商历法、古文字学、民俗学、甲骨书法研究的单篇论文。

《全集》中的散文作品，展现了甲骨学一代宗师的文学情怀。

二

我们今天所能看到的董作宾最早的散文是《血滴》，刊于1925年1月30日出版的《京报副刊》第四十六号。

《血滴》一文《全集》未收，移录如下：

几重红墙，一片黄瓦，包围着一个秘密的巢穴。那里面一层

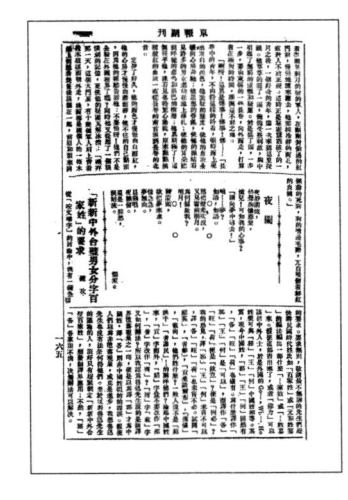

《血滴》全文

层深灰色的帷幕,直遮得水泄不通。外面的人,仅仅可以悬想到:这是惯于吃人的怪物后裔的根据地。他们镇日价在黑暗中运动,满布着他们的党羽,急于想恢复他们原来的势力,再图大举到世上吃人,虽然在他们势力完全消失了之后。

有次,他们忽然揭开了黑幕的一面,拼一阵流血,牺牲了几条死党,才勉强把那张牙舞爪吃人无魇的老招牌挂出,但是不久就受了外界的抵抗,终于又取了回去。自此之后,这红墙黄瓦的当中,仍旧遮满了一层层深灰色的帷幕,暗中作他们亟图恢复的运动。受过了失败教训的他们,尤其是他们的死党,没一个不抱定了拼死奋斗的决心。真个是箭在弦上,一触即发。这时的秘密窟中,弥漫着的空气,只有狠浓厚的带着报主,尽忠,死节,拼命……的分子。

○　　　　　　○　　　　　　○

一个冬日，这红墙依然山崖般的高耸着，这黄瓦依然鱼鳞般的覆盖着，但是其间已阴阴森森，阗无居人了，被寒气浸透了的阳光，柔薄而无力的射在荒凉的院落里，好像自己承认是失败的弱者向严酷的冬日表示让步。肩上荷着带明晃刺刀的枪的军人，在刚刚封锁过的红门前，慢慢地踱来踱去，他那种冷静的面孔，直教人不敢正视。这时正是秘密窟戳破了的一月之后，一个好奇的青年，第一次来到这里探视。他草草的游了一遍，饱饱受些刺激，胸中引起了无穷的感慨和疑虑。于是低了头，一步一步，要由东偏的一条长巷，向外面走，打算着在极短的时间，离开这不祥之地。

"啊呀！这真是惨事！惨事！惨……"长巷中的青年，不由得这样的叫着，顿时面上现出灰白的颜色，他惊疑的态度，使他的血液全体向心房奔驰；他思想的混乱，使他的眼睛看见许多的男女老幼在地上挣扎；使他的耳朵听到呼号的悲鸣和崩巴的枪声；他真骇极了！这无怪乎他，谁看见也得惊心动魄，原来点点滴滴殷红的血液一直从长巷的南首洒到长巷的北首。

定静了好久，他的面色才慢慢由白而红，他的心房才慢慢由动而静，他不住地自己点头，因为他的经验告诉他：不要怕呀！他们不是全躲在外国租界了吗？同时他又提起了一个狠深刻的记忆，更使他的疑团瓦解冰消："礼拜那一天，这个大门里，有十几个军人肩上背着些木棍榔头朝外走,后面都是两个人抬一条木棍上倒悬着几只后腿捆在一起、前腿和头来回摆动的死狗,狗的嘴边毛际,兀自残留着鲜红的血滴。"

这篇短文记叙了一段史实。

1911年,辛亥革命推翻了清王朝,建立了中华民国。但袁世凯在清帝退位之前,就签订了优待清室的条件。小朝廷继续留在紫禁城(即故宫),尊号不废,岁供四百万两白银由中华民国政府拨付。

1917年6月,张勋利用黎元洪与段祺瑞的矛盾,借"调停"为名,率三千"辫子兵"于6月14日进入北京。他急电各地清朝遗老进京"襄赞复辟大业",又在清宫召开"御前会议",撵走黎元洪,把十二岁的溥仪抬出来宣布复辟,改称这一年为"宣统九年",通电全国改挂龙旗,自任首席内阁议政大臣,兼直隶总督、北洋大臣。复辟不得人心,十二天即告破产。史家称之为"张勋复辟"或"丁巳复辟"。

冯玉祥当年参加了讨伐张勋复辟的战斗。他认为,民国不仅要以剪辫子表示与清朝决裂,而且还不应保留溥仪的这个小朝廷。保留这个小朝廷是中华民国的耻辱,还是中外野心家时刻企图利用的祸根。复辟失败北京收复后,冯玉祥曾为此通电呼号。但由于段祺瑞的姑息态度,以及当时他只是一个旅长,人微言轻,没能实现这一愿望。

1924年10月,第二次直奉战争爆发。冯玉祥在去前线的途中突然回师北京，发动北京政变。政变后即修改清室优待条件，11月5日派军队将溥仪驱逐出宫。国务院即下令组成清室善后委员会，对故宫保存的历代文物进行清点、登记、整理、保管，以防遗失或毁损。

驱逐溥仪出宫确实是中华民国史上一件重要的事情。孙中山曾致电冯玉祥，大为赞扬。新文化知识界人士也支持这一正当合理的行动。

《血滴》作于1925年（严一萍：《董作宾先生年谱初稿》），董作宾时在北京。他家境贫寒，幼读私塾。1919年，毕业于开封的河南育才馆。当年冬天得南阳乡贤的帮助，来到北京。1922年，在北京大学作旁听生。1923年，入北京大学研究所国学门为研究生，并兼任《歌谣周刊》的编校。1924年驱逐溥仪后，董作宾受命参加了点查故宫的工作。

《血滴》记述了事变发生一个月之后，"一个好奇的青年"来故宫探视的感受。第一部分写过往的故实：喻故宫为"惯于吃人的怪物后裔的根据地"；这里曾有过复辟，把"张牙舞爪吃人无魇的老招牌挂出，但是不久就受了外界的抵抗，终于又取了回去"；虽然失败，但他们并不死心，"暗中作他们亟图恢复的运动"。第二部分写今日的观感：红墙黄瓦的院落荒凉阴森，荷枪实弹的军人在巡逻。他们已逃亡租界。青年看见殷红的血迹惊心动魄，但经验告诉他不要害怕。十几个军人从院里抬出死狗，"狗的嘴边毛际，兀自残留着鲜红的血滴"。笔致含蓄而意蕴深刻，平静的述说中有对历史风云的审视和反思。

1928年10月第一次殷墟发掘工作人员留影于小屯（右三为董作宾）

三

河南安阳小屯从1899年（清光绪二十五年）前后发现殷墟甲骨到1928年，三十年来民间为赚钱牟利私挖乱掘一直不断。许多完整的龟甲被损坏，地下文化堆积的层次关系被破坏，与甲骨同时出土的陶器、石器、骨蚌器等，也因为当时无法卖钱而被抛弃，实际是"所得者一，所损者千矣"。甲骨文的厄运令有识之士扼腕叹息。

1928年秋，中央研究院历史语言研究所在广州成立。董作宾受所长傅斯年的委托到安阳进行先期调查。他在小屯实地踏访后，向历史语言研究所提交了报告，认为"甲骨挖掘之确犹未尽"，提出发掘意见，并呼吁："甲骨既尚有留遗，而近年之出土者又源源不

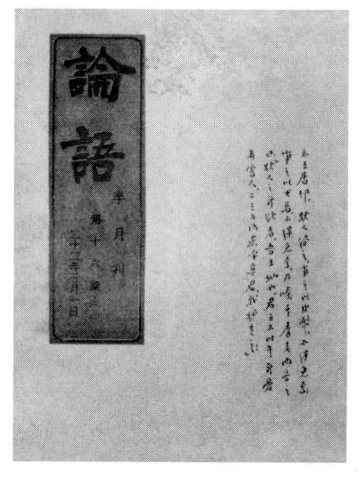

《论语》第十六期刊影　　　　《考古闲话》首页

绝。长此以往，关系吾国古代文化至巨之瑰宝，将为无知之土人私掘盗卖以尽，迟之一日，即有一日之损失，是则由国家学术机关以科学方法发掘之，实为刻不容缓之图。"（《民国十七年十月试掘安阳小屯报告书》）傅斯年读了之后，任命董作宾主持挥动殷墟科学考古的第一铲，开启了大规模科学发掘的序幕。

《考古闲话》为考古引发的"闲话"。全文分"掘地层"与"刨宝贝"、君子、"独立研究院"、小屯联语、君子其二、"字骨都"轶闻、捣鬼、古物特税局、洛阳古物的分布、"三民同乐"、鲸背观"栏"，共十一个部分。当时民众对考古的无知，民间私自发掘的乱象，甲骨的发现，洛阳铲的来历，五圣庙的联语，安阳八景的掌故，琐琐写来，援笔成篇。如小屯村人为龟甲兽骨文字即殷墟卜辞起了个"土"名叫"字骨都"。"字骨都"，指上面有文字的骨头。

说"骨头"为"骨都",也是河南的土话。20世纪30年代,"小屯人确切知道一块'字骨都'等于一块'老袁头',讲起'字骨都'来非常起劲儿,一开口便滔滔不绝,注目凝神,指手画脚,形容尽致,'喷'成了一个'套儿'(小屯人谓闲撩天儿为'喷个套儿'),听的人也乐以忘倦"。发掘队一位在小屯村长大的工人告诉他这样一件轶事:

> 村人赵金榜之父,曾于光绪年间在朱家十四亩地(此为出甲骨文字最多之处)东坡上挖"字骨都"。那时候正值冬季,庄上许多人手持铁锹抓钩之类,各据一方,乱挖一阵,往往挖了数日,一无所得。赵某独自挖一坑,已深至沙底,毫无"字骨都"的消息。大气且愤,弃锹抓,偃卧坑旁,一觉醒来,嗒然携其工具而去。一村人急于大便,四望无隙地,见赵去,乃趋前,就其所掘坑,欲便于内。一脚才下,一脚犹在坑边,坑边土大泻,村人堕,"字骨都"随之倾露,累累满穴,取之数筐乃尽。

《考古闲话》言朴辞淡,轻松随意,流贯着"闲"的意趣,间或有妙嘲巧讽。1933年5月1日出版的第十六期《论语》开始连载,第十八期载完。严一萍《董作宾先生年谱初稿》载:"《考古闲话》,1924年撰,刊论语半月刊。"这里记述的撰写时间有误。文章系董作宾在安阳与洛阳文物考察时的散记,其中《洛阳古物的分布》分类记录了瓦器、魏墓志、汉唐陶器、三体石经等在洛阳的出土地带。这一内容应是董作宾1928年调查的亲历、亲闻。这年夏天,他和同乡前辈张中孚先生赴洛阳调查三体石经,并经温县、辉县转赴安阳调查殷墟发掘。文中"这是民国二十一年秋天"句,说到河南浚县辛村墓葬的发现,可证文章绝不可能写在1932年以前。《论语》刊发的也绝不会是作者十年前的旧稿。这组文章未收入《全集》。

四

1947年1月,董作宾应美国芝加哥大学之聘,任中国考古学客座教授,乘船赴美。1948年12月返国。从美国旧金山起飞,经夏威夷、东京,抵上海,四十七小时,万里航程。次年9月31日写就《飞渡太平洋》,记录他这次"短期长途"的旅行,刊《台旅月刊》第二卷第一期(1949年10月15日出版)。

董作宾说,这是他生平第一次坐飞机,印象最深的是云。"我们平常只是在云下看云,所得的印象,和在云上看云,便大大不同。况有红日青天,白浪碧海,皓月疏星,相伴着作云的背景,这场面又是何等的伟大!"云的形态变幻无穷:"起伏如波浪的云之海","峰峦丛粹的云之山";高空浮云,"薄得像一张丝绵";浓厚云团,"简直如棉花堆"。云的动势气象万千:"乌云如浓烟,白云如柳絮,扑向窗前";诡谲的云,像"狮马虎豹兕象,排队而来,如马戏班开幕"。他于览云观胜之中,绘形绘色地描摹了太平洋的朝暾和晚霞落日。全文近八千字,开合有度,观察细致,想象丰富,比喻奇特,真正的大家手笔。

《飞渡太平洋》之前,董作宾另一篇约两千字的散文《芝城屠场》在《台旅月刊》第一卷第五期（1949年7月5日出版）刊载。1947年暮春，作者参观了芝加哥司威夫特公司。这是当时全世界最大的屠宰公司，自动化程度很高，据说把活牛从大机器的这一头赶进去，那一头出来的就是牛肉罐头。虽然看到高度现代化的作业，但他坦言：参观"使人感觉不舒服"，"饱闻了浓厚的血腥气味，又饱看了残酷的屠杀方法，真教人欲作三日呕"。

20世纪40年代末，烽火连天的中国正处于历史变革的重要关头。董作宾从历史经历和个人体验中自有他的人生参透和世态了悟。《芝城屠场》中有对生命的悲悯："孟子早就警告人们说：'见其生，不忍见其死；闻其声，不忍食其肉；是以君子远庖厨也。'这话一点也不错。"《飞渡太平洋》中则是敬畏自然的浩叹："在海阔天空中旅行，使你体认到宇宙的伟大，反映着人生的渺小；使你达观，使你看破红尘，因为你已经与尘缘隔绝。你可以涤尽万虑，而静观天空中变化无端的奇景。"

五

《全集》的单篇文章中，尚有与注重考据不同的文字。如：民间文学《西门豹故事的转化》《苦女吟》，民俗记录《南阳的"腊八粥"》《南阳民谣》，普及甲骨文知识的《皇帝可以没有头的么？》等，当归于散文的范畴。这类短文，质朴简明，通俗易懂，有的蕴含着对故乡童真岁月的追忆，有的散发出历史的深邃感，有的更兼有自然科学的理趣，显示了文史通才董作宾的渊博学识。

《创造》与冯沅君和王品青

一

《创造》季刊（1922年3月创刊）和《创造周报》（1923年5月创刊）是前期创造社的两种重要期刊。

1924年2月28日出版的《创造》季刊第二卷第二号，刊载了署名"淦女士"的短篇小说《隔绝》。接着，《创造周报》又连续发表了淦女士的《旅行》（第四十五号，1924年3月24日出版）、《慈母》（第四十六号，1924年3月28日出版）和《隔绝之后》（第四十九号，1924年4月19日出版）。前后不到两个月，同一作者的四篇小说先后在创造社的刊物上刊载，引起巨大的反响。

四篇小说虽然主人公名字各异，但情节如同连环套般相互关联。

《隔绝》中在外地读书的女主人公，回家探亲时被母亲幽禁，逼她与儿时定亲的男人结婚。她不屈服，心系在求学时结识的情侣，

《隔绝》首页　　　　　　　　《隔绝之后》首页

回忆甜蜜的往事，哀怜孤苦的现在，控诉残酷的礼教，追求爱情的自由。她那"生命可以牺牲，意志自由不可以牺牲，不得自由我宁死"的呼声，震撼着同代青年男女的心。《隔绝之后》是《隔绝》的续篇。女主人公准备逃走的前夕，母亲闹病，全家不眠，失去了机会。她终因不能实现"爱的圆满"而毅然服毒自杀。男主人公闻讯赶来，抚尸服毒，不惜以生命为代价，用血写成了"爱史的最后一页"。

小说歌颂了当时青年知识女性追求个性解放、挣脱旧礼教束缚的无畏精神，也表现了作者和她作品的女主人公面对新思想与旧传统的艰难选择。

《慈母》描绘她无法毫不顾及有生养之恩的母亲的一片苦心，更不能放弃比生命还重要的爱情，在双重矛盾中挣扎。她与心爱的人大胆相爱，不仅要面对外界强大的压力，更要忍受自己内心深处的旧道德观所带来的惶恐不安。《旅行》反映了她这一心态。

鲁迅称淦女士的小说是"五四运动直后，将毅然和传统战斗，而又怕敢毅然和传统战斗，遂不得不复活其'缠绵悱恻之情'的青年们的真实的写照。"（《〈中国新文学大系〉小说二集序》）

沈从文在《论中国创作小说》中评说：淦女士"用有感情的文字，写当时人所朦瞳的所谓两性问题，由于作者的女性身份，使作品活泼于一切读者印象中"，"在精神的雄强泼辣上，给了读者极大惊讶与欢喜"。他将淦女士同冰心比较："年青人在冰心方面，正因为除了母性的温柔，得不到什么东西，而不无小小的失望，淦女士作品，却暴露了自己生活最眩目的一面。这是'一个传奇'，'一个异闻'。是的，毫无可疑。这是当时年青人所要的作品。""她具有展览自己的勇敢"，沈从文说，"1923年前，女作家中还没有这种作品。在男子作品中，能肆无所忌的写到一切，也还没有。因此淦女士作品，以崭新的趣味，兴奋了一时代的年青人。"她以"华美"与"放纵"的文笔表现了青年男女炽热的性爱。

《创造》季刊和《创造周报》趋新求异，洋溢着青春"创造"的气息。小说谈性论爱，从容随意；评论尖锐刻薄，毫无顾忌；诗歌激情放纵，充满活力。《隔绝》系列小说的发表，更使两刊声誉大增。"淦女士"这一陌生的名字迅疾轰动文坛。恰如《创造》季刊第二卷第二号的封面所描绘，四个插着翅膀的小天使在自由翱翔，充满获得生命后的勃勃生机。

淦女士是冯沅君的笔名。冯沅君（1900—1974），原名淑兰，

《创造》第二卷第二号刊影　　　冯沅君

字德馥。河南唐河祁仪镇人。幼时曾读私塾，后随大哥冯友兰、二哥冯景兰到北京求学。1917年冬考入北京女子高等师范，1922年夏毕业。同年秋，考取北京大学研究所国学门，成为当时北大唯一的女研究生，也是中国现代教育史上由本国高校培养的第一位女研究生。1925年7月，北大毕业。

二

《隔绝》系列小说，如同冯沅君的自传，曲折描述了她与王品青的恋爱故事。

王品青，原名王贵鋑（一作贵珍），字品青。河南济源涧北村人。祖父和父亲都是私塾教师。1919年王考入北京大学预科，1921

年升入北大物理系。1925年毕业,任教孔德学校。

冯沅君和王品青的结识大约是在1920年的春天,在北海公园参加"杜威先生平民教育思想"讨论会上。此后,他们两人又都是当时讲学社演讲的热心听众,就有了更多见面的机会。小说《隔绝之后》借表妹之口,叙说乃华与士轸的相识相爱:"他们两人的订交是在我考进女子大学那年的冬天,他们双方的介绍人就是一个文学会。因为士轸在文学会的出版物上读了她的作品,一颗爱种从此便深深的种在心灵深处。士轸虽不是专门研究文学的人,然以他得天独厚,无论是说句话,写封信,都自有一种清秀之气流露于笔下舌尖,所以他的一番痴情,并未白用,不到三年,他已将她对于异性的爱情赢了来。他们互相勉励着,他说:她就是他的上帝,他的一切都交付她了。她说:她为他可以牺牲世间一切权利,只要他的心不变。"

两人在婚姻上各有难题,但情志弥坚:

> 她在未解人事以前,由她的父母代她找了个土财主的儿子作了未婚夫。他也在中学毕业后,和个素未相识的女子结了婚。但是这样的环境,对于他们爱的花是肥料,不是沙砾,对于他们爱的火是油,不是水。

《隔绝》中有他们爱情的吟唱:

> 仿佛是热天,河中的荷叶密密的将水面盖了起来,好像一面翠色的毯子。红的花儿红得像我的双靥,白的更是清妍。在微波

清浅的地方可以看得见游鱼唼喋萍藻，垂柳的条儿因风结了许多不同样的结子，风过处远远的送来阵阵清香，大概是栀子之类。又似乎是早上，荷叶，荷花，柳枝，道旁的小草都带着瀼瀼的零露。天边残月的光辉映得白色的荷花更显清丽绝伦。我们都穿着极薄的白色衣服，因晨风过凉，相互拥抱着，坐在个石矶上边，你伸手折了个荷叶，当顶帽子往我头上戴。我登时抓了下来放在你的头上时，你夺去丢在一边。我生气了，你来赔罪，把我手紧紧握着，对我微笑。我也就顺势倚在你的怀里，一切自然的美景顷刻都已忘了，只觉爱的甜蜜神妙。

冯沅君和王品青也参加了语丝社的活动。王品青认识鲁迅较早。1923年西北大学创办伊始，学校与陕西省教育厅合作筹设暑期学校，聘请名流学者前往演讲。王品青以河南同乡的关系，向校长傅佩青推荐了北大兼职讲师鲁迅和北大校友孙伏园，遂有鲁迅和孙伏园1924年7月的西安之行。他是鲁迅关爱的年轻朋友。1926年，鲁迅还为他点校的《痴华鬘》写了题记。《语丝》周刊1924年在北京创刊，列名"长期撰稿人"的共有十六位，王品青和淦女士，与周作人、钱玄同、江绍原、林语堂、鲁迅、川岛、斐君女士、衣萍、曙天女士、孙伏园、李小峰、顾颉刚、春台、林兰女士等在同一名单。淦女士在《语丝》上发表了小说《劫灰》《贞妇》《缘法》等十几篇作品，署名改为"沅君"。

朋友们关心冯、王的婚事。冯沅君的同班同学中黄淑仪（即黄英，笔名庐隐）、苏雪林（苏梅）这时都已成为作家，她们鼓励冯沅君记录下敢爱敢恨的独立特行。庐隐致冯沅君的信中热情呼喊："阿兰，把你和王君的爱史展示出来，把想说的话呐喊出来，把万种思绪倾泻出来，改变一下这淡如水的生活；我们要振奋起来。即使不为社会，给自己的生活增添些色彩也未尝不是件好事！"

于是，有了《隔绝》系列，有了淦女士对旧世界、旧礼教最严峻的抗议和声势凌厉的讨伐。

三

冯沅君与王品青的恋情，延续了六年。冯沅君在 *EPOCH MAKING...* 一文中，说出感情破裂的原委：

> 在六年前，我是不知道"爱"的，而且怕在异性朋友间发生"爱"。但是，我的心肠是很热的，也可说是颇有侠义之风，我要牺牲我自己成全人家。某君虽然学问浅薄，但颇有才情。当时对我异常热，因此我很想成全他，安慰他在人生途中所受的苦恼。不意数年朋友的结果，他处处负我的期望；我于此发现我同他的志趣不合，我灰心之极！

EPOCH MAKING... 原是冯沅君给陆侃如的信。1926年秋冬，她与陆结识并坠入爱河，书信来往频繁。这封信中她告诉陆：有人拆了陆给她的信，此信又为王品青所见，王为之病了，终于移入了医院。冯沅君说：

> 他原来对我的爱情还未尽泯灭。已谢的花儿是不能复上故枝,我对他此时的状况,只有怜,没有当年的热情了——我自从感到他的志趣同我不合,我对他的热情就被灰心驱走了。

冯沅君断言她与王品青的爱情之花已经凋落时,王品青却正为冯沅君编辑整理小说集《卷葹》操劳,书中收入的四篇小说此前也是由他寄给上海创造社发表的。他将书稿寄给远在厦门大学任教的鲁迅。1926年10月12日鲁迅日记:"上午得品青所寄稿及钦文所寄《故乡》四本。"《鲁迅全集》注:王品青所寄稿件,"即《卷葹》。淦女士(冯沅君)的小说集"。鲁迅用一周时间审阅完书稿,10月19日鲁迅日记中有"寄小峰信并《卷葹》及《华盖续》稿"的记录。10月29日,鲁迅致信陶元庆:"《卷葹》这是王品青所希望的。乃是淦女士的小说集,《乌合丛书》之一。内容是四篇讲爱的小说。卷葹是一种小草,拔了心也不死,然而什么形状,我却不知道。品青希望将书名'卷葹'两字,作者名用一'淦'字,都即由你组织在图画之内,不另用铅字排印。"11月22日,又致陶元庆信说:"《卷葹》的封面,他们先前托我转托,我没有十分答应,后来终于写上了。近闻他们托司徒乔画了一张。兄如未动手,可以作罢,如已画,则可寄与,因为其一可以用在里面的第一张上,使那书更其美观。"出版《卷葹》还引来了创造社的不满,鲁迅11月20日致许广平的信中说得详细:四篇"皆在《创造》上发表过。这回送来要印入《乌合丛书》,据我看来,是因为创造社不征作者同意,将这些印成小丛书，自行发卖，所以这边也出版，借谋抵制的。凡未在那边发表过者，一篇都不在内，我要求再添几篇新的，品青也不肯。创造社量狭而多疑，一定要以为我在和他们捣乱，结果是成仿吾借别的事来骂一通。但我给她编定了，不添就不添罢，要骂就骂去罢。"（《两地书·七九》）1927年1月《卷葹》由北新书局出版，时冯、王之恋的终结已成定局。

王品青这时看到陆侃如写给冯沅君的情书，以致精神崩溃。友人送他进医院，治疗无济于事，最后由家人接回河南老家。1927年9月25日去世。

四

1978年10月，晚年重病的陆侃如有《忆沅君——沉痛悼念冯沅君同志逝世四周年》，其中说到冯沅君表妹吴天的婚姻悲剧：

"吴天和当时一切地主家的女儿一样，从小就由父母作主，许配给另一地主的儿子牛汉陶。这牛汉陶是个蠢货，天天催逼吴天马上嫁他。吴天坚决反对，就和她母亲发生激烈的冲突。吴天的母亲从封建礼教出发，认为女儿反对婚姻是家门的奇耻大辱，使家人无脸见人。又因吴天在北京读书时，认识了在北大物理系读书的同乡王某，两人经常通信，为吴天母亲所知悉，便决心把吴天锁闭在一间小屋里，不许她再到北京上学。吴天又表示坚决反对母亲的压制，便绝食自杀。幸而这时吴天的两个哥哥，刚从美国大学毕业回家，吴天的婚姻斗争得到两位哥哥的支持，向母亲疏通，结果将吴天释放回北京继续上学。——这个插曲就是冯沅君小说《隔绝》和《隔绝之后》等篇的写作背景。"不过，事情并没有到此为止。吴天的大兄在美国得了个博士头衔，瞧不起一切没有博士头衔的青年。"吴天认识的王某，人很聪明，学的是物理学，但爱好文学，能写些优美的散文，由鲁迅先生介绍发表在北京各种文艺刊物上，在文艺界有一定的名誉。为了满足'博士迷'的哥哥的要求，沅君劝吴天和王一起参加河南教育厅'官费'留学的考试。只要考上了，就可以出国去搞一个博士头衔。沅君小说《旅行》所写的，背景就是吴天和王两人从北京坐火车到开封去参加考试。"吴和王都是好学生，但是几次考试都失败了。"吴天这时的苦闷，不仅由于王考试一再失败，也由于王沉溺于打麻将的嗜好中。在北大男同学中，王的确是一位优秀的青年，他聪明，有写作才能。鲁迅先生也很赏识他，知道他屡考不中，曾介绍他在北京一些中学内做语文教师，颇得到学生们的欢迎。不过这时旧大学师生宿舍里，赌风极盛，每夜打麻将声劈啪不断。王不幸染上这个恶习，常常深夜赌博不睡。日子久了，不免要输钱，把他微薄的工资都输光了，到月底常无钱交付伙食费，有时连必要的参考书都无钱去买。王有时不得不求助于吴天，但吴天家中给她上学的零花钱数目很有限，无力满足王打牌输钱的无底洞，有时只好求助于沅君。不过冯家给她的上学零花钱也有限。沅君与吴天两人有限的零花钱，这时要供应她们自己和王赌博的需要就感到很拮据了。王渐渐疑心吴天'变心'了，所以不肯在钱上支援他。王身体本来不强壮，因打牌失眠，渐渐形成肺病。又加上对吴天'变心'的怀疑，心情不快，所以肺病渐渐严重化了。严重了又无钱支付医药费,病势不免日渐危险了。终于一天就因病逝世了。"

《隔绝》系列中人物的原型,是吴天还是冯沅君?有多少是虚构的吴天的故事?又有多少是冯沅君的真实经历?言人人殊,录以备考。

五

周作人在王品青去世不到百天,即有《王品青》一文,悼念这位不足三十岁就离去的朋友:"品青是我们朋友中颇有文学的天分的人,这样很年青的死去,是很可惜也很可哀的。"他认为王品青之死是"性格的悲剧","品青的优柔寡断使他在朋友中觉得和善可亲,但在恋爱上恐怕是失败之原"。

章衣萍1928年春天写了《吊品青》,倾诉了吊祭老友的沉痛哀伤,满纸悲凉:"桃色的爱又常常变成灰色的虚幻。你不能寂寞以生,自然希望寂寞以死。""在这样扰攘不安诡谲而黑暗的乱世,死对于人生也许算是幸福的事罢。但是,品青,你的清瘦而苍白的影子却印在语丝社的几个朋友的心里,直到永远!"

《文学周报》与陆侃如的《小梅尺牍》

一

1977年，冯沅君与王品青的恋情早已成了陈年往事。10月6日这天，已从台湾成功大学退休、时在台南的苏雪林，读了庐隐的《海滨故人》，认为"写得实在不高明"，又读冯沅君的《旅行》《慈母》。她在日记中写道："沅君文笔当然远胜庐隐，不过与王品青恋爱如此深挚，一见陆侃如便幡然变心，致品青发狂而死，此事大出寻常情理之外。"（《苏雪林作品集·日记卷》第八册，台湾成功大学出版）五十年未能淡忘，足见印象之深。

周作人当年的看法就比较客观。他认为，"本来得恋失恋都是极平常的事，在本人当然觉得这是可喜或是可悲，因失恋的悲剧而入于颓废或转成超脱也都是可以的，但这与旁人可以说是无关，与社会自然更是无涉，别无大惊小怪之必要；不过这种悲剧如发生在我们的朋友中间，而且终以发狂与死，我们自不禁要议论叹息，提起他失恋的事来,却非为他伸冤,也不是加以非难,只是对于死者表示同情和悼惜罢了。至于这事件的详细以及曲直我不想讨论,第一是我不很知道内情,第二因为恋爱是私人的事情,我们不必干涉"。(《王品青》)

冯、王之恋的最后失败,严蓉仙在《冯沅君传》中这样分析:"男方对女方确实钟情,但他学习成绩平平,生活散漫疏懒,性情缠绵偏执。这对一个处处争强好胜、事事不甘落后的女性来讲,确实难以忍受,她的头痛病因也许还和这有关。蹉跎了五六年的青春岁月,眼看早已到了谈婚论嫁的年龄,她怎能不丧气不焦虑。女方欲结束这马拉松式的恋情,对方却不肯放弃,依然对她一往情深。本来恋爱阶段是双方磨合时期。行,则合;不行,则散。这个被普遍认可的做法,偏偏遇到个碰到南墙也不愿回头的痴情者,问题就变得棘手,结局也不容乐观了。"

陆侃如在冯沅君极度失望、灰心之极的时候,走进了她的生活。

二

陆侃如(1903—1979),原名雪成,字衍庐。江苏海门人。

陆侃如小冯沅君三岁。1917年,十七岁的冯沅君考入北京女子高等师范。三年后,也是十七岁的陆侃如进入北京高等师范。1922年年初,陆侃如考入北京大学国文系。1926年毕业,又考入清华大学研究院。1927年夏,从清华大学研究院毕业。

冯和陆是北大校友。陆侃如入北大国文系的同年秋天,冯沅君

陆侃如　　　　　　　　　陆侃如与冯沅君订婚照

入北大研究所国学门。两人又都是文学长材。文学研究会1921年1月在北京成立，陆侃如为首批会员。冯沅君的《隔绝》系列小说更让她独领风骚。北大读书期间，二十岁的陆侃如出版了第一部专著《屈原评传》，以后又有《宋玉评传》出版，在学术研究上已取得引人注目的成就。冯沅君则有《〈老子〉韵例初探》等多篇学术论文发表。北大校园里，两人会彼此闻名。1924年泰戈尔到北京后的欢迎会和演讲会，两人都会躬逢其盛。

冯沅君与陆侃如的恋爱开始于1926年秋冬。（两人1928年5月27日致胡适信中说："11月24日是我们开始认识的纪念日。"）1927年5月在上海合影订婚。1929年1月结婚典礼在江苏海门举行。

冯沅君写给陆侃如的情书，后编为《春痕》，1928年10月由北新书局出版，陆侃如题签并写《后记》。陆在《后记》中说："《春痕》作者告诉我：《春痕》是五十封信，假定为一女子寄给她的情人的，从爱苗初长到摄影定情，历时约五阅月。"五个整月恰是他们两人恋情发展的全程。

三

《春痕》是冯沅君情书的"选编版"，五十封不是情书的全部，每一封也不是原信的全貌。尽管如此，终归留下了一位知识女性的爱的心迹。陆侃如给冯沅君的情书，知者甚少。实际上，他的信虽未结集出书，但部分也已在杂志上以笔名发表。

这要从赵景深的一篇文章说起。

1938年上海的《红茶》文艺杂志上，有赵景深的《嘤鸣小记》专栏，述人纪事，琐写文坛的新朋旧友。第九期《陆侃如和冯沅君夫妇》一文，回忆他与陆、冯伉俪的情谊，说到他主编《文学周报》时曾刊登过陆侃如的《小梅尺牍》。

赵景深开篇就说："陆侃如和冯沅君的结合，是使我羡慕的；犹之我羡慕最近结婚的姜亮夫和陶秋英一样。大约这就是陈望道说的'同志爱'吧？我的创作小说集《为了爱》里有一篇《苍蝇》也表示了这样的意思：'法国浪漫诗人缪塞不是和女小说家乔治桑恋爱吗？英国白朗宁夫妇不都是会作诗的吗？我国赵明诚和李清照不都是会作词吗？'我祝福他们俩永远相爱！他们俩的《中国诗史》以及以前陆侃如的《屈原》《宋玉》都是我所爱好的。最近他们俩的研究趋向于戏剧，更使我感到多了两个寂寞旅途的同路人。"

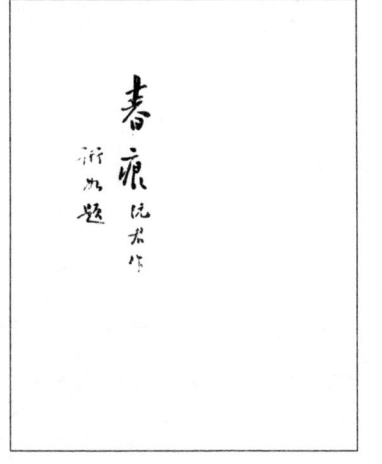

《春痕》书影　　　　　　　　《小梅尺牍》首页

文中记述，一天，陆侃如来见他：

> 侃如带着典型的江南公子的姿态，瘦瘦的个子，瘦瘦的脸庞，却又不是露出颧骨的，特别高的皮衣领，再加上华服和走路的潇洒，真有点翩翩然了。他把《小梅尺牍》，署上笔名"小梅"，给我在《文学周报》上发表。

循着这个线索，我们寻觅到《小梅尺牍》，看到陆侃如给冯沅君的情书，可谓"男版《春痕》"。《春痕》用的名字是"瑗如"（冯沅君）和"璧君"（陆侃如），《小梅尺牍》用了"小梅"（陆侃如）和"素秋"（冯沅君）更为女性化的名字。赵景深提醒读者："《春痕》是沅君给侃如的情书"，《小梅尺牍》"这是可以与《春痕》合看的","我在此记下一笔,以免他日后人再替喜欢考证的侃如来作考证"。

《小梅尺牍》从1929年第三百二十期《文学周报》开始连载,共刊九次,计十三号(封)。第一号写于1927年1月22日,第十三号写于同年3月7日,时间跨度不足两个月。每封信的字数多少不等,最长的一封两千四百余字,最短的一封仅三百五十字左右,总字数近一万三千字。与《春痕》相比,自然是少。是陆侃如当初仅送去这一部分信件,还是不止十三封却因《文学周报》停刊而没有刊完,现在都无从考索了。

四

《小梅尺牍》十三封"爱之书",展示了小梅(陆侃如)的心态,与《春痕》合读,当可全面看到两个年轻"高知"热恋中甜蜜和痛苦交织的心路历程。当时,陆侃如住在北平城外清华园,冯沅君在城内北大国学所做研究,在冯友兰家里居住。

《春痕》中最早一封信是1926年12月27日,冯沅君说:"你见了我的生命过程中留下的伤痕,心中颇感到不安。其实我现在的生活以之与往日相较,尚如九天之与重渊。从前是河流遇了阻力,现在是河流渐就枯干。从前是病而呻吟,现在是病而不能呻吟。从前是喜则狂笑,悲则痛哭,现在是欲哭无泪,欲笑无声(近来作不成诗,想亦因此)。"(《今天a》)心情痛苦,悲观甚至绝望。这使陆侃如大为震惊。1927年1月22日的回信中说,读后"一时五内沸郁,百

感交并，茫茫然感到有生以来从未感到的悲哀，不知涕之何从。"（《小梅尺牍》第一号）

新的感情为素秋带来希望和期冀。《春痕》1927年1月15日夜信："悲愁总比精神麻木不仁好。若以欢乐喻甜，悲愁喻苦，我说：吃甜水也好，吃苦水也好，总比喝白开水强。"（《昨晚》）但她顾虑重重，迟疑不前，如履薄冰。《春痕》1月16日夜信："我主张朋友间的情感要淡而持久。然而我们的友谊何以发展得如此快，我也不知道。鲜艳的花儿，祝你战过了一切风霜！"（《十四》）1月20日信："过于鲜浓的食物，终不能多吃久吃。"（《这许》）

《小梅尺牍》中小梅对素秋总是劝慰和鼓励，化解她的忧虑和痛苦。第一号信中说："我所怀疑的是'鲜浓食物不能多吃久吃'一句，为何不能多吃久吃？素秋，这食物是我的生命的渊泉，你为何这样冷酷呢？为何这样忍心呢？率性自始便不给我吃也好，为何略给我尝了一尝，等我要求大吃特吃时，却又拒绝我了？写到这里，我的眼泪又流了！"第二号（1月29日夜）信又说："吃甜水未必是'幸福'，吃苦水未必是'不幸福'。亲爱的，我若能同你一起吃苦水，便是我最幸福的事了。遇见了你，我方了解人生的真义。""请你看这'鲜艳的花儿'面上，努力忘却从前的一切！我们现在努力培养这花儿罢，努力抵抗现在的风霜罢，过去的障碍，不要再提起它了。"

爱苗在生长。《春痕》1月18日早10时的信："昨晚月色极佳。阿兄忽动雅兴，携嫂嫂同我三个人往北海去。""不知兄嫂此时心中作何感想，我在欣赏幽景的时节，心头仍存个吹不散的人影儿！"（《前天》）小梅为此而感念不忘："我再翻阅你游北海的信及诗。

我何幸而为素秋'心头吹不散的人影儿'！"（《小梅尺牍》第一号）

旧历年邮局放假，双方都是在既写信又等信的焦急中数日子。四天中间，《春痕》存2月2日夜、2月3日夜、2月3日夜9时写的三封信；《小梅尺牍》更有"连上四封"的记录。信件来往之繁密，可见爱火升温之疾速。

《小梅尺牍》第四号（2月3日）信中小梅坦陈了他对素秋感情的"三期"：

> 我对你的感情可分三期。从我初闻你的名至初认识你，这五年中我对你的态度是"敬"。我知道你的学问，知道你的才调，便异常倾慕你，异常注意你——所以前信告诉你，说你的可爱的姿态在五年前便已印在我的心上。此时敬中是否有爱的分子，我自己也不大明白。这是第一期。我认识你后的第一个月中，我读到你的悲伤的诗，看到你的悲伤的信，我不期然而然的对你表无限的同情心，便想竭我的力来感化你，鼓励你，告诉你世界是快乐的，告诉你前途是光明的。Friendship is everything, 我妄想可以帮助你。这时我对你的态度是"怜"，这是第二期。但是你（应为"我"。引者）失败了，我不曾同化你，却已被你同化了。我不知道怎样会渐渐的抛弃了"甜水"，甘同素秋一起吃"苦水"。我们的通信一天勤似一天，我们的友谊一天密似一天，渐渐的"心有灵犀一点通"，渐渐的"为伊拼得人憔悴"——我自投罗网了，做了万能的"爱之网"的俘虏了。素秋，这是第三

期，我对你的态度不用说是——是神圣的"爱"字。

爱情千回百转又微妙复杂。第六号信（2月7日晨7时半）小梅又诉说心神不安："但愿素秋不要把我当作小孩子，把神圣的爱情当作骗小孩的糖块！"2月8日素秋即作了回复。（这封在陆、冯之恋中至为重要的信，《春痕》却未收录，后以 *EPOCH MAKING...* 为题发表，收入《劫灰》一书）信中说：

> 你怕我把你"当作小孩子，把神圣的爱情当作骗小孩子的糖块"。小梅，知我爱我的小梅，你知道我看了这话，心中是何等难受。小小梅，我惟其不肯以"神圣的爱情当作骗小孩子的糖块"，所以六七年来不知得罪多少人；我惟其不肯以"神圣的爱情当作骗小孩子的糖块"，我方害这场小病；我惟其不肯以"神圣的爱情当作骗小孩子的糖块"，我要你态度镇静，我怕"鲜艳的花儿"战不过一切风霜，我不轻易答应你的要求！

接下来冯沅君说了她与王品青相恋六年后分手，"我自伤无知人之明，自寻这场苦恼，原想此生不再爱人，不想最近又遇你"：

> 我认识你——学问上的认识——是你在E报发表论文之后。但此时我想象的你许是"道貌岸然"的人，那知见了面却是个活泼的青年。

突然而至的新的爱情使她惊喜交集：

我并未想到你会对我发生了"爱"。待你冒雪进城看我，信上说了些热烈而缠绵的话，我了解你的意思。但我自己很吃惊，我又遇见了奇迹，我的生命之流中又添了新水；我很怕，我怕我此后的生活将更痛苦，而且又害了你。

"一方怕蹈从前之覆辙，一方不免梦想着这次可全始全终"。信末写道：

你也许看此灰心，认为我是个反复的人而将两月的交谊一笔勾销，那也好，免得天真而欢乐的你为此一无可取之薄命女子而误尽一生。也许你感激我的真率而更迷沉于"爱"之海中。小梅，知我而爱我的小梅，一切由你！一切由你！

这表白无疑是"定情书"。10日，《小梅尺牍》第七号信即再次表示"我是永远真心爱你的"。冯、陆爱情之车进入了"快车道"。

爱之火愈燃愈烈。《小梅尺牍》第九号信："昨日下午别后，回想临别时的甜蜜的……不但使我魂消意荡，且感激至于泪下。秋这样爱我，我此时便死去也毫无遗憾了。秋，'下不为例'之约，我自当遵守，无论如何，总请不要忘了这痴心的梅。"写信时间是2月26日下午6时。同是这一天，晚上8时30分，《春痕》的信是："璧，璧，想想你昨天在××所对待我的神气，简直像小孩儿向大人要糖果一般。我真不解何以故我对于璧的爱的给予如此容易，虽然当时我心中不愿。璧呀璧，眼看岸儿愈离愈远，我们已卷入爱之波涛内了！"（《璧璧》）缱绻缠绵，莫逆于心。

5月，冯沅君、陆侃如的爱情水到渠成。订婚照上陆侃如题词："红楼邂逅浑如昨，白首同心一片丹。"两人最后进入婚姻的殿堂。

五

1932年夏，陆侃如和冯沅君同去法国巴黎大学留学。1935年夫妇双双获得文学博士学位后回国，在大学担任教职。1947年秋，应山东大学之邀，同赴山东大学文学院中文系执教。1974年冯沅君去世，四年后陆侃如逝世，1996年合葬于江苏海门三阳镇。两人无子女，有《陆侃如冯沅君合集》（十五册，安徽教育出版社出版）行世。

徐旭生的一本杂志和两本书

一

徐炳昶，字旭生，历史学家、考古学家。1888年出生在河南省唐河县桐河镇砚河村。1906年，去北京就读于河南同乡在京兴办的豫学堂。不久考入译学馆学习法文，1911年毕业。1913年春，赴法国巴黎大学攻读西方哲学至1918年，1919年春归国。徐旭生先后任教开封第一师范和河南留学欧美预备学校。1921年秋任教北京大学。1926年任北京大学教务长。后曾任北平大学女子师范学院院长、北京师范大学校长等职务。1932年后任北平研究院史学研究会编辑、研究员。1933年被派往陕西，组建考古会，领导宝鸡斗鸡台遗址的发掘工作。1937年任中国史学研究所所长，抗日战争时期辗转西南，1946年秋回北京。1949年后，任中国科学院考古研究所研究员。1976年逝世。

一本杂志和两本书，大体上反映了徐旭生一生不凡的业绩。

徐旭生　　　　　　《猛进》第一期刊影

二

　　一本杂志是《猛进》，徐旭生是《猛进》的主将。

　　目睹国家内忧外患，接受了现代民主、科学洗礼的徐旭生深感国将不国，忧心忡忡。强烈的救国意识和对救国之路的苦苦探求，促使他和友人李宗侗创办了《猛进》。

　　李宗侗（1895—1974），河北高阳人。早年留学法国巴黎大学，1924年返国后也在北京大学任教。他回忆《猛进》的创刊：

　　　　这一年（1925年），我并且同徐旭生等诸位先生，创办了《猛进》杂志，这件事亦是偶然的。——因为我那时无事常到前门外观音寺青云阁楼上吃茶,并同徐旭生先生谈天,偶然一天谈到何不办一个刊物,两人全同意了,就办起了《猛进》杂志。我们一共约集了十个人,每人每个月出十块钱,共一百块钱作为印刷费。封面"猛进"这两个大字,尚是请一位甘肃朋友写的。(《李宗侗自传》)

1925年3月6日《猛进》出版,周刊,十六开本。徐旭生任主编,李宗侗从第二十七期起接编。

《猛进》为综合性的文化刊物,注重时事评论,也刊发一些文艺作品和研究文学的论文。

学者孙郁在《古道西风》中这样评说:"《猛进》几乎和《语丝》同时诞生,风格不同,思想却是锐利的","有的文章甚至比《语丝》更具有爆发力,是一个知识分子的论坛"。"青年时代的徐炳昶热力四射,在北大有着一定的影响力。其实按那时的学问程度,他本可以成为很好的哲学教授,在学理上有自己的独特建树。但偏偏愿干预现实,喜欢写一些时评的文字,看《猛进》上的文章,抨击当局者为数不少,见解常常在别人之上。比如攻击段祺瑞政府的杂感,讽刺章士钊、陈西滢、杨荫瑜的短章,几乎与鲁迅相同。难怪鲁迅的一些杂感也发表于《猛进》,他在这位主编身上看到的是绅士阶级没有的东西。"

"绅士阶级没有的东西",就是说,徐旭生没有旧的读书人摆架子和绅士态的作秀的固有的毛病,看人看己的态度都本乎自然,明于常理,毫无依附他人的奴相。他与鲁迅保持着良好的关系,时常通信，相互激发。

　　鲁迅在《猛进》上发表的文章，计有《并非闲话（二）》（第三十期）、《十四年的"读经"》（第三十九期）、《碎话》（第四十四期）等篇。鲁迅的《论睁了眼看》，即由徐旭生的文章引发："虚生（徐旭生笔名。引者）先生所做的时事短评中，曾有一个这样的题目：《我们应该有正眼看各方面的勇气》（《猛进》十九期）。诚然，必须敢于正视，这才可望敢想，敢说，敢作，敢当。倘使并正视而不敢，此外还能成什么气候。然而，不幸这一种勇气，是我们中国人最所缺乏的。"

　　鲁迅评价："《猛进》很勇，而论一时的政象的文字太多。"（《两地书·八》）《华盖集》中的《通讯》（这篇文字又先后发表于《猛进》第三、五期）主要是对《猛进》的评论。《通讯》（一）中鲁迅写道："我想，现在的办法，首先还得用那几年以前《新青年》上已经说过的'思想革命'。还是这一句话，虽然未免可悲，但我以为除此没有别的法。而且还是准备'思想革命'的战士，和目下的社会无关。待到战士养成了，于是再决胜负。我这种迂远而且渺茫的意见，自己也觉得是可叹的，但我希望于《猛进》的，也终于还是'思想革命'。"徐旭生回信说："'思想革命'，诚哉是现在最重要不过的事情，但是我总觉得《语丝》《现代评论》和我们的《猛进》，就是合起来，还负不起这样的使命。我有两种希望：第一希望大家集合起来，办一个专讲文学思想的月刊。里面的内容，水平线并无庸过高，破坏者居其六七，介绍新者居其三四。这样一来，大学或中学的学生有一种消闲的良友，与思想的进步上，总有很大的裨益。我今天给适之先生略谈几句，他说现在我们办月刊很难，大约每月出八万字，还属可能，如若想出十一二万字，就几乎不可能。我说你又何必拘定十一二万字才出，有七八万就出七八万，即使再少一点，也未尝不可，要之有它总比没有它好的多。"鲁迅在《通讯》（二）中说："有一个专讲文学思想的月刊，确是极好的事，字数的多少，倒不算什么问题。第一为难的却是撰人，假使还是这几个人，结果即还是一种增大的某周刊或合订的各周刊之类。况且撰人一多，则因为希图保持内容的较为一致起见，即不免有互相牵就之处，很容易变为和平中正，吞吞吐吐的东西，而无聊之状于是乎可掬。现在的各种小周刊，虽然量少力微，却是小集团或单身的短兵战，在黑暗中，时见匕首的闪光，使同类者知道也还有谁还在袭击古老坚固的堡垒，较之看见浩大而灰色的军容，或者反可以会心一笑。在现在，我倒只希望这类的小刊物增加，只要所向的目标小异大同，将来就自然而然的成了联合战线，效力或者也不见得小。但目下倘有我所未知的新的作家起来，那当然又作别论。"这也是鲁迅对《猛进》的希望。

《猛进》《语丝》《现代评论》等刊物，在1925年的北平极一时之盛。孙伏园谓三刊之中《猛进》有强悍之称，"自以《猛进》为上，《语丝》次之，下流的舍《现代评论》莫属。"（《一年来国内定期出版界略述补》）

徐旭生是既言且行的。1925年10月26日，北京各学校团体五万余人游行，反对段祺瑞政府与西方列强订立屈辱的新关税协定，主张关税自主。游行队伍与大批武装警察发生流血冲突，为保护学生，他被打掉两颗门牙。1926年3月18日，段祺瑞政府制造了震惊全国的"三一八"惨案。徐旭生得知消息，不顾天色已晚，手提马灯前往现场，慰问受伤学生，悼念死者。知识界的反抗引来当局更疯狂的报复，李大钊、鲁迅、徐旭生等四十八人被通缉，《猛进》《语丝》《莽原》被勒令停刊。

三

一本《徐旭生西游日记》，应该是列入史册的大书。

1926年年底，瑞典著名探险家斯文·赫定来到北京，与北洋政府签订了西北科学考察协议。这份协议与以前的中外协议一样，极不平等，不许中国科学家参与，采集品全部运往国外。消息传出，舆论大哗。时任北京大学教务长的徐旭生与北大教授刘半农出面，呼吁组建中国学术团体协会，阻止斯文·赫定的西部考察。北伐临近，北洋政府风雨飘摇，不敢过于得罪知识界，因此让斯文·赫定与知识界重新谈判。双方经反复磋商达成了新的协议：在中国学术团体协会领导下成立西北科学考察团；设中国及外国团长各一名；中外科学家各占一半；采集品留在中国。这是中国现代学术交流史上第一次与外国平等合作，令当时中国学术界大为振奋。

徐旭生作为中国西北科学考察团中方团长，1927年5月9日与斯文·赫定一起带队从北平西直门向西北进发。

这是一次向陌生和极限的挑战。考察团在大西北的沙漠瀚海、崇山峻岭中跋涉了将近两年。中国学者走出书斋进行田野考察的行

《徐旭生西游日记》书影　　　《中国古史的传说时代》书影

程,改写了中国读书人的历史。

徐旭生为人正直坦率,他尊重斯文·赫定这样一位经验丰富的老探险家,承认自己没有这方面的经验。为了科学,双方的目标一致。他们之间很容易找到共同语言,很快达成了默契。当考察团处于最困难的时候,斯文·赫定更认识到了徐旭生不可或缺的实际作用。大队在到达新疆前,一度几乎陷入绝境。原计划从额济纳河到哈密需四十天左右,不想走了六十二天,途中就有四十八天不见人烟。斯文·赫定病倒在戈壁滩中,徐旭生单独带队前行。他赞扬这位中国朋友:"我们的景况愈是阴沉,而徐教授的自信和平静也愈是强大。"

考察工作虽然困难重重,第一线却捷报频传,白云鄂博大铁矿的发现,第一张罗布泊地区实测地图的绘制等,震动当时,影响深远。他们的地质考古成果,至今仍是这一地区找石油、找煤、考古不可或缺的参考;他们在气象学取得的突破性成果,至今仍指导着气象预报工作。他们在科技史上创造的"第一"不胜枚举,为后人的研究开辟了道路。

1929年1月,徐旭生和斯文·赫定回到北平,受到学术界和大学生们的热烈欢迎。报告会盛况空前,一千多人的会场连走廊里都站满了听众,顶着寒冷,五个小时无人退场。

这次考察期限也一再延长,增派团员,持续了六年才完满结束。后来还有两年的后续考察,中外合作长达八年之久。

徐旭生带队任务已经完成,后接任北京师范大学校长一职,未再去新疆。1930年出版了《徐旭生西游日记》,在此之前《东方杂志》请鲁迅代为邀约徐旭生撰写考察经过。徐旭生在《叙言》中为自己的迁延抱歉。全书忠实地记录了二十个月考察的所见、所闻、所思,有沿途的自然风光和险恶的自然条件的描绘,有全团的工作安排和工作方法的记述。这本书是徐旭生作为团长交出的一份完满的答卷,具有很高的史料价值和文学价值。

孙郁谈到他第一次读《徐旭生西游日记》时的感受:

一是感到学识的丰厚,古人的与洋人的遗产,都有涉猎,有的见解颇深。二是发现他是一个有文学天赋的人。内心像海洋般涌动,一望无涯,偶尔闪动的诗句,如夜空里的月光,散着迷人的色泽。(《古道西风》)

孙郁说,《徐旭生西游日记》容纳着深广的内涵,"是一个闪着智慧的世界,在精神的维度上达到了很高的境界"。"徐炳昶与中国的学人在一次死亡的挑战里,获得了精神的涅槃。试比较一下上海滩上无病呻吟的诗句,北平胡同里悠然的琴声戏文,中国考古队足下写就的却是惊鬼泣神的生命之书。"(《古道西风》)

四

徐旭生另一本很有影响的书是《中国古史的传说时代》。

20世纪20年代末,中国古史界卷起了疑古的风潮,"疑古派"怀疑古史,考辨伪书,对传统史学展开了猛烈的进攻,破除"唯古是信"的传统观念。凡是找不到更早来源和出处的原始历史资料,一概在他们怀疑之列,这又造成一定的混乱。

徐旭生明确反对"疑古派"疑古过勇的偏向,评论它的主要代表人物:"我个人虽对于他的工作有较高的评价,却总以为他走得太远,又复失真,所以颇不以他的结论为是。"他列举了"疑古派"方法上存在的问题,如无限度地使用默证,不加分析地排斥异己之见,夸大春秋战国各学派间的歧异、矛盾等,表现出独具的学术见识。推翻了旧的古史体系,如何重建可信的上古史呢?徐旭生认为,古代文明形成时期留下的丰富的"传说历史",代代相续的"口传"尽管有"不科学"的地方,但保留了人类文明形成时期历史的重要信息。"传说历史"在古代文明起源与形成的考古学研究中有着重要的作用，文明形成的历史时空框架的建立往往离不开这些资料。他首先对"传说时代"作了界定，指出世界上任何一个民族初期的历史，都是用口耳相传的方式流传，直到文字发明之后才将这些传说记录下来。这种记录的史料所反映的时代，即称"传说时代"。中国的传说时代，相当于盘庚迁殷以前的历史。其次，他指出传说史料大都有历史事实为核心，并非子虚乌有，处理"传说时代"材料，应当分辨清楚掺杂神话的传说与纯粹神话的界限，不能把传说一古脑归入神话。古人并不作伪，《尚书》《史记》等书所记载的靠不住的材料，是因为古人在做综合工作时所使用的方法不够精密的缘故。因此，必须把未经系统化的材料和经过系统化的综合材料加以区分，并且重视前者，小心处理后者。徐旭生说，科学地、全面地利用"传说历史"是古代文明研究中必须给以足够重视的课题。

"七七"事变后，徐旭生回到南阳。1939年到了昆明，依然就职于已经南迁的北平研究院。历时四年，于1942年完成了《中国古史的传说时代》。他从文献史籍出发，结合相关民间传说，实地从事考古的调查与发掘，以考古新成果印证古代文献的可靠性，力图考证有文字记载历史之前的中国社会状况，包括部落分布、彼此之间的关系、社会经济发展的水平等学界聚讼纷纭的问题，剥开神话的外衣，廓清中国古史时代的迷雾，填补疑古之后所留下的真空，将华夏民族的起源与发展之路影诸纸上。

夏王朝是中国最早的王朝，是破坏原始民主制的世袭"家天下"的开端，始建于公元前21世纪。"夏墟"早就出现在司马迁的笔下。中国的史学家们围绕夏禹是人还是虫的问题，还打过一场笔墨官司。但是，夏的遗迹在哪里？

徐旭生是最早将夏文化作为一个考古学问题提出来并进行探索的学者。他根据文献记载，经过认真细致的研究后明确指出，寻求"夏墟"，"有两个区域应该特别注意：第一是河南中部的洛阳平原及其附近，尤其是颍水谷的上游登封、禹县地带；第二是山西西南部汾水下游（大约自霍山以南）一带"（《1959年夏豫西调查"夏墟"的初步报告》）。1959年4月，徐旭生率领一支考古队开赴河南西部，对"夏墟"进行实地调查。这次首创性调查的最大收获是发现了河南偃师县西南九公里二里头村的二里头遗址，从而揭开了夏文化考古学研究的序幕。

半个多世纪以来，二里头遗址已进行了多次发掘。二里头是中国乃至东亚最早的王朝都城。现存遗址范围有三百万平方米，仅城墙围起的宫城面积就超过十万平方米。宫城中心区拔地而起的大型宫殿建筑群，坐南朝北，中轴对称，布局严谨，主次分明。这座三千六百年前的"紫禁城"一派王朝气象！二里头开创了中国古代都城与宫殿建筑的先河。"城市建设，规划在先，现在听来属于常识。但在二里头以前的中国历史上，还没有哪处中心性聚落或都邑有过如此缜密的总体规划设计和明确的城市功能分区。"（许宏：《何以中国》）二里头都城大规模城市建设规划的史无前例，令考古学家叹为观止。

二里头时代开启了华夏王朝文明。人们惊呼：从二里头找到了最早的中国！

五

《徐旭生自传》记:"我于1938年在武汉时,曾由介绍入国民党。于1946年(或1947年春)自请退党。1957年5月被接纳为共产党员。"(《河南文史资料》第十四辑,1985年6月出版)

杨丙辰与《文学评论》及其他

一

杨丙辰这个名字,我最早见之于《文学评论》。这本1934年8月1日在北平出版的杂志,仅出两期。创刊号版权页上的编辑人为李长之和杨丙辰。李当时是清华大学哲学系的学生,一位已崭露头角的年轻的文学批评家。杨是李极为尊敬的德语老师。

我由此开始从发黄的书页中追踪这位乡贤的脚印。

杨丙辰(1892—1966?),原名杨震文,字丙辰,河南南阳人。早年留学德国,1913年10月夏季学期,杨震文开始在柏林大学学习法学,注册名单上为 Yang Dschen wen。1917年7月毕业,第一次世界大战结束后归国。先在河南开封河南留学欧美预备学校教书,后受蔡元培之聘任北京大学德文系主任、教授,同时在清华大学外文系兼任教授,在当时知识界颇有声名。

1934年出版的期刊和图书,有多篇介绍杨丙辰的文字。

杨丙辰

　　林语堂主编的《人间世》，有一个《今人志》专栏，旨在"以轻松亲切的笔调，严重评论的眼光，记述今人之学行性格"。"范围以近代国人之学行有可称述者为主"，"惟在朝要人声势煊赫者恕不表章"。先后介绍了刘复、章太炎、林琴南、严几道、张伯苓、梁漱溟、刘大白、李叔同、胡适之、老舍、吴宓、周作人、徐志摩、齐白石、孙大雨、朱湘、陶元庆等赫赫大家。迫迁的《杨震文》就刊在第十期的《今人志》栏内。

　　北京大学西方语言文学系教授兼英文组主任温源宁，1934年在英文《中国评论周报》的《亲切写真》栏连续发表了记辜鸿铭、顾维钧、吴宓、陈通伯、胡适、徐志摩、周作人、王文显、朱兆莘、丁文江、吴赉熙、周廷旭、梁宗岱、盛成、梁遇春、程锡庚等人的短文，如"富有春秋笔法的当代中国名人小传"（钱锺书语），后结集出版，书名《不够知己》（曾译为《一知半解》）。《杨丙辰先生》是书中的一篇。

迫迁和温源宁的文章一致肯定了杨丙辰德语造诣的深厚。迫迁说："在中国现在，对于英国古典文学有深究的人怕还不难举出十个人，而要说举出对德国文学有深究者，怕只有杨丙辰一个。""他懂得许多古典的学问。古典哲学他也有深究。""他译的书不多，译笔是直的，但是他用注解的方法，这种对于德国古典文学之注解，在中国是没有多少人所能做的。"（《杨震文》）温源宁说："杨先生的专业是德国文学，可是，他研究哲学，跟研究文学所下的功夫完全相等。此外，或许你难以相信，逻辑学也是他爱好的学科之一。目前，他几乎单人独马，正在积极主持一种名为《文学批评》（应是《文学评论》。引者）的杂志。谈起魂灵、魔术和佛学的一些侧面知识来，杨先生最为得意。"（《杨丙辰先生》）文章称道杨丙辰对青年人的关怀："在他简朴的会客室内，他肯接待任何青年来谈学的。""他慷慨，常常请青年人吃饭；青年人求他荐事，他都愿意帮忙。冒着多大的风雨都会替人奔走。"（《杨震文》）他善良简朴："他那个脸膛儿十分可爱，——一副招孩子们喜欢的脸膛儿，一副显得有点儿伶俐而颇为天真的脸膛儿，一副说不定会惹人笑一笑却又明显地表现出来忠实和亲密友谊的脸膛儿。"他衣着随便而从不讲究："你不能说他穿衣服，他是扑通一下子把身子摔到衣服里面去。"（《杨丙辰先生》）他身体很好："杨先生形象健壮，中等身材，生就一副耐得住生活磨炼、不求美观的体格，他给人的印象是，不知道什么叫做疲劳。做了十个钟头的艰苦工作又打了一场紧张的麻将之后,他还是跟刚起床时候一模一样。这不是因为他永远结结实实或生气勃勃,而是因为他从来不知道生病是什么滋味。"(《杨丙辰先生》)两篇文章中也都说到杨丙辰生活中不修边幅,有点迂阔。

这一年,写杨丙辰的文章中最为引人注目的是李长之的《杨丙辰先生论》,两万余字,发表在《现代》第六卷第一期(1934年11月1日出版)上。他在文中叙述与杨丙辰相识、相处、相知的过程,感谢杨把他引上学习德国古典美学的道路,赞扬杨是"再会导引人也没有的良师",对青年有着极大的热望与同情,是一切青年的良师和益友。

李长之说,人们觉得杨丙辰满不在乎、不着边际,"多粗疏而无所用心",是"生活在奇异可笑的环境中的一位奇异可笑的人物"。他的看法则是:"有一个糊里糊涂的杨先生,但同时却又有一个明白而精细的杨先生了。我们觉得须看个人的运气,有时是遇到糊里糊涂的杨先生,我们便听见一些夸张的形容的话,见着些点着的然而莫名其妙的头,在一块便吃两杯咖啡,还可以看看他买到而自己并不大看的画报,倘若在他家里,就往往陪他吃上一碗面条,因为他是爱吃面的。我们即使有主张,他却似乎听不到耳朵里去。然而倘若在碰到他是明白的杨先生的时候,他的指示却是往往非常透辟,无论处世,或者求学的,他能够拣大处,统摄了他那丰富的德国文学的知识,给我们以简而扼要的途径。在这种时候,我们每每觉得是得了无穷的原动力,我们往往觉得好像入了一个宝库一样,满载而归。"(《杨丙辰先生论》)

李长之的同乡、清华同学季羡林也崇拜杨丙辰,他的《清华园日记》中有多次拜访杨的记载,内中说杨"忠诚,热心,说话夸大,肯帮人,没有大小长短……等等的观念"(1932年8月25日),但是认为李长之的赞誉过甚。

二

杨丙辰一生致力于德国文学的教学、译述以及德国文化的研究,在中、德文化交流史上贡献卓著。

杨丙辰是中国德语文学学科的创始人,北大、清华的第一代中国籍德语教授。中国北方学德语的学生,张威廉、冯至、季羡林、杨业治、田德望等大半出其门下,这些人以后多成为大师级的日耳曼学家。

20世纪30年代之前,欧洲的思想和文学多半是通过日文、英文转译介绍到中国。中国对德国以及欧洲有较深的了解,像杨丙辰这样"科班"出身的学者功不可没。中国留德学人在杨丙辰先后,有蔡元培、萧友梅、杨昌济、张星烺、张君劢、朱家骅、马君武、姚从吾、陈寅恪、陈翰生、宗白华、傅斯年、俞大维、毛子水、陈省身、杨钟健、贝时璋、罗家伦、冯至、季羡林等,专业众多,后来多成为中国现代文化史的知识精英。他们的努力,使得德国的人文学科更多地向中国传播,中国的学术也开始进入了世界性的学术语境。

1931年,留德学者郑寿麟发起在北平成立了德国研究会。这是一个旨在增进中国学人对德国文化了解并促进深入研究的学术机构。1935年5月，改名为中德学会（Deutschland-Institut）。学会的董事都是当时中国学术界、教育界的泰斗和外交界的耆宿。杨丙辰和德国汉学家卫德明被推举为中德学会的常务秘书。两位热心会务，使中德学会在不长的时间内即初具规模，取得不少成绩。会址也从原来北平图书馆内的小房间迁至东城新址，设办公室及阅览室，每周两次接待各校学生咨询，前来阅览德文书籍、报纸、杂志的人士也颇为踊跃。

中德学会于1938年出版《研究与进步》杂志，编辑为杨丙辰和董敦。1939年改为《中德学志》，至1944年共出六卷，杨丙辰一直是杂志五人编委会中三位中方编委之一。学会主持出版"中德文化丛刊"二十一种，杨丙辰翻译了黎耳（里尔）的《论德国的民族性》、魏特的《汤若望传》、歌德的《亲和力》和《歌德短篇小说集》，以及《赫贝尔短篇小说集》。"中德学会特刊""辅助德语教材刊本"和"中德对照丛刊"等系列中，又有杨丙辰译或校的《诗人伦慈》和《今日德国教育》等。

1937年，年轻的德国汉学家傅吾康（Wolfgang Franke, 1912—2007）从柏林大学获得博士学位后即到北平，供职于中德学会，先后任学会秘书、总干事和《中德学志》编辑部主任等职。他和杨丙辰在沦陷的北平共事多年，晚年在回忆录《为中国着迷》中说到与杨丙辰并不融洽的相处中曾有的误会与争执，但对这位中德学会的元老仍给予了肯定的评价。

杨丙辰的译著尚有毫布陀曼（霍普特曼）的《火焰》和《獭皮》、莱辛的《军人之福》、谠恩的《费德里克小姐》等。释勒（席

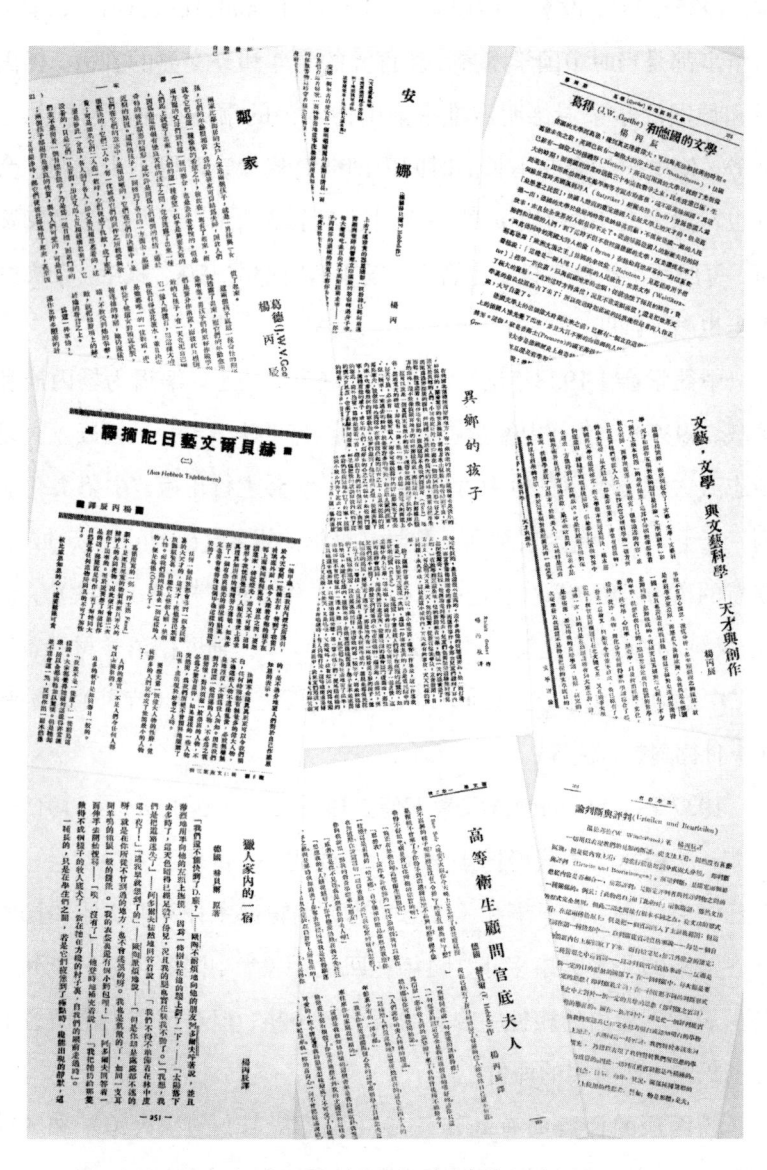

20世纪20年代至40年代,杨丙辰刊发于报刊的部分译著

勒）的《强盗》的最早中文译本出自杨丙辰之手。他还是中国开拓歌德研究的先行者。20世纪20年代至40年代末，当时京沪两地几十家文学、哲学、科学期刊，如《京报副刊》《莽原》《未名》《哲学评论》《清华周刊》《文学》《文学季刊》《辅仁文苑》以及《风雨谈》《读书杂志》《科学时报》等，都有杨丙辰的译作发表。

三

杨丙辰直言无忌，口无遮拦。

徐志摩死后，徐的朋友们异常悲痛。杨丙辰却在《大公报》的《文学》副刊上，刊出《大诗人——天才——徐志摩——和他的朋友们》，说徐志摩的诗不如人："精神萎靡不振""气势散漫无归""意旨晦涩难明"。认为徐志摩只有大诗人的浮光，而无大诗人的实质。志摩的朋友们愤愤不平，连他的学生季羡林也不满意："杨丙辰先生骂徐纯是个人的偏见——也可以说是谬见，他并不能了解徐。我承认，最少徐在中国新诗的过程上的功绩是不可泯的。"

杨丙辰曾就郭沫若译文中对三个德文字中一个字的翻译，写了《狂飙与突进》辩明。从德文字的来源和所代表的文艺状况的来历，洋洋万言，详加考证。他说：（郭沫若）"这个错误到如今已经有了十余年的久长，而在我国译著界不但无人为他改正，反而有人照样引用，不觉其非，这真不能说是我们文坛上的光彩事哩！"

"七七"事变之后，杨丙辰没有随学校内迁，滞留北平。日伪统治下，他"宁愿赋闲，不往北大教书"。1942年5月16日，家乡南阳的报纸《前锋报》记者李蕤还在通讯《未死的北平》中对此做过报道。但他与周作人交谊甚好，1944年竟然作为华北作家的代表，参加了在南京举行的"第三届大东亚文学者代表大会"，迷失而不自知，为他后来的坎坷命运埋下了伏笔。

李长之说，杨先生是一个书生，"他是内外如一的，他是直接的"，"他好像比一般人缺少什么似的，他看不出人的诡诈、邪恶，他总信任人太好"。"他也没有兴趣，去做一个运用手腕的人。他的心太好，他有的是正义，正气，可是他不耐烦。也不能够应付恶人"。"杨先生是这个鬼魅世界上的失败者。"（《杨丙辰先生论》）

四

20世纪80年代初期，杨丙辰这个名字在学界悄没声息三十多年之后，第一次出现在报端杂志。

张中行的《负暄琐话》写20世纪30年代以北京大学为中心的旧人旧事。章太炎、黄晦闻、马幼渔、马一浮、邓之诚、熊十力、马叙伦、胡适、周作人、刘半农、朱自清、顾羡季等文化名人，一一在他笔下出现，犹如今世之《世说新语》。《杨丙辰》一篇，张中行回忆自己负笈北大时的这位德语老师："他身材中等，偏于粗壮，面红黑，永远穿一件其中像是还可以装许多东西的深色长袍。看外表，有些像河朔的乡下佬，但又不全像，因为面上多一些沉思气。如果引用小说中的人物相比，那就近于《儒林外史》的马二先生，但也不全像，因为举止少一些拘谨气。"张中行称赞杨丙辰"爽直诚实"。

又说，"他资格老，大家都尊重他；但又觉得他迂阔，简直呆头呆脑，惹人发笑。"

1992年，《河南文史资料》刊载了邢汉三的《忆杨丙辰博士》。邢是杨的老乡和学生。40年代在北平，两人时常往来，推心置腹，无话不谈，彼此引为知己。1958年，分别多年后在北京重逢。他称道杨丙辰"一生不嗜烟酒，无任何不良嗜好"，"家中日常生活相当节俭，常以节约所得资助亲友及穷苦学生"。

两篇文章披露了几段史料。

邢汉三说："1935年，河南省政府主席刘峙派专使到北平，邀请杨丙辰到开封接任河南大学校长，意在借助杨的力量，在河南大学师生中发展复兴社组织。"杨丙辰到校后，看到校内派系复杂，斗争尖锐，不到半年即返回北平。（《忆杨丙辰博士》）

张中行听一位李君说，"杨丙辰还是那样不通人情世故，解放战争就要胜利了，他的同乡某人拉他加入什么党派，他觉得无所谓，答应了。"（《杨丙辰》）

1949年，处在历史十字路口的杨丙辰毅然做出了自己的抉择：归依新政权，留下来迎接解放，后来的处境却沦落不堪。

杨丙辰丢了在北大、清华的教职，年近花甲尚需为生存奔波。张中行曾遇见他，问他的境遇，没有固定职业，靠翻译点德文，一个月收入几十元，勉强度日。（《杨丙辰》）邢文记述较详："1949年北平解放，军管会权衡杨过去历史，决定给予管制生产处分，让他仍住马圈胡同九号私宅，翻译政府指定的德文书籍，按稿付酬，作为他的生活费。在北京市区内，允许他自由行动，如欲出北京市区,须申请主管部门许可。此后他日与纸笔书籍为伍,很少外出。""1955年,北京市人民政府认为杨在被管制期间遵纪守法,决定撤销对杨的管制处分,恢复他的自由。""1966年'文革'初期,杨被冠以反动学术权威的称号受到多次揪斗,因年老体弱,经不起长期折磨,悲愤成疾,又怠于治疗,卒以不起,终年七十四岁"。(《忆杨丙辰博士》)

杨丙辰处境最困难的时期,李长之忘不了他的恩师。他"往往在刊发自己作品时多署一个笔名,以便偷偷接济年迈而无力糊口的老师"(江枫译《不够知己》注)。20世纪30年代,季羡林曾直言:"杨先生是十足的好人,但说他有思想则我不敢相信。"(《清华园日记》1932年8月24日)话虽如此说,他对老师也是感念的。60年代,当时已经是誉满海内外的北大教授季羡林,一天买条大鲤鱼,步行送到杨家。(蔡德贵:《季羡林先生临终前关注的八个问题》)

五

历史终成云烟。杨丙辰的为人为学,今日得到了中正公允的评价。

德语学者叶隽在《主体的迁变:从德国传教士到留德学人群》一书中指出,20世纪20年代初,杨丙辰应是德语学科的中心人物。他对德语学科的意义大致可概括为三端:"其一,教育建制的创立功勋","其二,学术/文学翻译的筚路蓝缕","其三,学术评论/研究的初步展开"。叶隽认为,杨丙辰对德国学术与文化的整体认知的不凡学养,对德国文学的古典时代的全面与宏观的把握,对德国当代文学的关注,都有可圈可点之处。他对这位德语前辈从名标学林到无声凋落的悲剧"宿命"十分感慨:"历史演进的步履本就如巨人前行,难收覆水,纵然是比杨氏更气象宏通的大师级人物,在沧海桑田的历史面前,也免不了苍凉凄伤的命运,更何况率性而为、不善经营如杨氏?"叶隽强调:

> 像杨丙辰这样的人物,幸与不幸,都是现代中国进程里值得关注的一种现象。他们在历史的风尘中,随风飘零,虽非零落红尘,但真的是漫无依傍,他们没有那么高瞻远瞩的视野,也没有独到坚持的思想,他倒真的符合于"沉默的大多数"的形象,默默无闻,未曾有洪钟巨鼎般的闻达之声,但却曾用他的知识和努力同样参与了现代中国的思想文化与学术教育的建设过程。(《花自飘零风雨中——念杨丙辰先生》)

杨丙辰,一位我们应该铭记的学者。

赵清阁的《弹花》

一

赵清阁（1914—1999），河南杞县人，生于河南信阳。十五岁便因反抗家庭包办婚姻而毅然离家出走，入开封艺术高中学习。毕业后在一个小学教书，并借读河南大学中文系，开始发表作品。十八九岁主编《新河南报》的《文艺》周刊、《民国日报》的《妇女》周刊。后到上海，插班上海美专。1935年曾任《女子月刊》编辑，并有短篇小说集《旱》出版。1936年8月在南京自费筹办出版《妇女文化》月刊。1937年年底，赵清阁来到武汉。当时，北平、天津、上海、南京已相继沦陷，武汉成为抗战的中枢。四面八方的作家会集到这座城市。

"卢沟桥事变以后，抗日救亡的烽火煮沸了爱国志士的热血；有的从戎出征，有的挥笔作战；谁都不愿偷生苟安，谁都不甘消极落后。"赵清阁晚年这样追忆，"我刚刚结束了《妇女文化》月刊的编

赵清阁　　　　　　　　　《弹花》创刊号刊影

务，像着了迷似的，一心想再编一个宣传抗战的文艺刊物。"（《茹苦忆〈弹花〉》）

　　天遂人愿。赵清阁见到了作家、曾为河南大学教授的卢冀野。卢与出版家张静庐、唐性天熟稔，张是上海杂志公司经理，唐是汉口华中图书公司老板。他们既是资本家，又是知识分子，当时也想适应潮流，办刊物宣传抗日。赵清阁说：

> 有一天我和卢冀野在张静庐家遇到唐性天，谈起刊物事，我们极力鼓动，卢冀野并推荐由我主编，唐性天知道我编过刊物，认识不少名作家；几经磋商，他便决定办一个纯文艺刊物（张静庐似乎办了一个戏剧刊物），让我主编。刊名《弹花文艺》（以后简称《弹花》），寓意抗战的子弹开出胜利之花。（《漫忆写

作与编辑》）

《弹花》是全面抗战开始后出版的第一个纯文艺刊物，为抗战文艺打响了第一炮。

当时同在武汉的胡绍轩，为《文艺战线》旬刊主编，和赵清阁很熟悉，热情帮助《弹花》的出版。多年后回忆往事，他说：一个人办起一本《弹花》是不简单的。二十三岁的赵清阁，"穿着京沪一带流行的时髦短装，短头发，态度潇洒，落落大方，健谈"。（《我所知道的赵清阁与〈弹花〉》）画出了活跃在江城文艺界的年轻女作家的风采。

二

1938年3月15日《弹花》在武汉创刊，月刊，十六开本，一面世就受到抗日军民的欢迎。第二期印两千册，不几天就销售一空，第三期加印至三千册。第五期出版后，战火已逼近武汉。赵清阁于8月到重庆，10月1日第六期就在重庆出版，改为双月刊。1939年4月出至第二卷第五期，华中图书公司不再经营。赵清阁决定即期起自办，向教育部申请补贴办刊经费，总经售改为正中书局。后因她不满教育部编印的《学生周刊》斥责学生"思想左倾"，撰文抨击，得罪官方，补贴被取消。1941年8月第三卷第八期《弹花》出版后停刊。共出二十期（第三卷第六期第、七期为合刊）。

《弹花》以在抗战文学期刊中的引领性地位，载入中国现代文学史册。

三

《弹花》创刊时，中华全国文艺界抗敌协会（简称"文协"）正在武汉筹备，3月27日宣布成立。"文协"是持不同文学和政治立场的作家间的一次统一和团结，作为一个全国性的文学组织，明确而自觉地领导和组织抗战时期的文艺运动是"文协"的目标。老舍被推举为"文协"总务部主任，负责主持"文协"的日常工作。赵清阁也参加了"文协"的筹备，出席了成立大会，并被聘为组织部干事。

创刊号刊出赵清阁与唐性天合写署名"本社"的《我们的话》，阐明了刊物"抗战救国"的办刊宗旨。

文章开篇即指出时代对文学的影响。"时代的动力，把'象牙之塔'里的艺术推迫到'十字街头'，把'为艺术而艺术'的作品，推迫到变为'宣传的工具'"，旗帜鲜明地表示：

> 目前中国社会，已经到了生死存亡的关头，站在民族战争的大时代：阵容上，不分前线与后方；作战上，不分军队与民众；动员上，除了人力与物力还要加上精神。文艺就是精神动员的有力因子之一。被侵略民族为要求生存而抗战，是神圣的，是有真实性的，唯有充分表现这种真实性的文艺才是目前真正的艺术，才有它历史的不朽性。敌人的奸淫掳掠，烧杀凶横，我们可以写；将士的慷慨赴义，壮烈牺牲，我们可以写；人民的琐尾流离，饥寒疾苦，我们可以写；甚而至于汉奸土劣贪官污吏之不知

人间羞耻的丑态,都是我们描写的对象。希望能够给后人比"扬州十日""嘉定屠城"更深刻的血一般的遗迹,不独希望它可以发扬目前的士气,并且希望它可以换作未来的人心。

文章强调:"抗战高于一切,克敌是共同的要求。在这个要求之下,没有派别的畛域,更没有个人的自由,应该集中力量,贡献政府,以战取最后的胜利。"

最后,作者"希望我们从事文艺工作的同人,也能够蠲除成见,群策群力,把笔尖一齐向外,对准我们的敌人"。

创刊号上,老舍的《我们携起手来》是一篇句句如见肺腑、令人读后动容的文章。"文协"筹备会上,老舍看到这么多作家坐在一处,由此而想到全民族。他说"我快活,而有些泪在心中":

> 平日,他们是些零散的民族之花,彼在山崖,此在海畔,各自吐出芬(芳)香。今日,他们要成为一个巨林,鼓荡出松涛。平日的得意与独立,在今日变为虚心与团结。谁能忘了过去呢,但是谁又能不对着血腥的、神圣的战争而冲上前去呢?抗日救国是我们的大旗,团结与互助是我们的口号。什么伟大不伟大,什么美好不美好,诚心用笔当作武器的便是伟大,能打动人心而保住江山的便是美好。伟大的不是莎士比亚与但丁,伟大的是能唤起民众,共同奋斗的这些中国作家。分散开来,他们也许只能放出飞蚊的微音,联合起来,他们定能发出惊天动地的怒吼——大家能凑在一处呐喊,就是伟大。

老舍说:"我们也是一师团精兵,只要我们能迈齐了脚步,一同朝着暴日奔去,我们的势力自不可侮!战略如何,须待大家和和气气的商议讨论;已具有携手同行之心是最可庆幸的,齐心第一,怎么打是第二。"

老舍以赤诚之心告诉大家:"在今日的中国,没有一件事比抗日救国更伟大更神圣。"

"国家至上、抗战第一","文协"团结抗日的政治倾向和文艺立场给了《弹花》深刻的影响。

赵清阁忆及当年组编创刊号时,"为了配合'文协'的成立,进行宣传,尽管《弹花》已经发稿,仍将'文协'的《告全世界的文艺家》宣言赶排了出来,编入《弹花》。"(《抗战文艺有永恒的教益》)

《弹花》每期发文十五篇左右,包括理论、小说、戏剧、散文、诗歌、随笔、杂感、报告文学、战地通讯以及外国文学等,还有木刻和漫画。全部围绕着一个中心:爱国,反侵略,无一不与抗战的主流话语吻合。

赵清阁四十多年后在写《茹苦忆〈弹花〉》时专门做了统计,为《弹花》撰稿的著名作家、艺术家有四十二位,包括丁玲、欧阳山等共产党人,郭沫若、罗荪等左翼作家,无党派人士,还有四分之一是国民党人士,如王平陵、华林等。这样的作者阵容,表明《弹花》是一个忠于贯彻团结抗日方针的刊物。

剧本是《弹花》刊发的一个重要内容。抗战文学为了突出其宣传功能,话剧以其便捷的沟通性而成为作家创作时的首选。左明的《王八蛋才逃》和《神枪手》、谷剑尘的《紫金山下》、谢冰莹的

《野战医院》、冷波的《七月祭》等剧作,以及赵清阁的独幕短剧《把枪尖瞄准了敌人》《一起上前线》《血债》等,大都是为宣传而急就的作品。艺术上较为粗糙是难免的,有的剧本的演出,正如赵清阁所言,"无异就是化妆演讲",发挥了强烈的鼓动作用。

《女作家专号》(《弹花》第三卷第二期)是赵清阁特意组织的专辑。她在同期《编后》中诉说了自己的初衷:"第一,想将所有前辈或新进的女作家之作品网罗在一起,就仿佛大家聚会一次似的,使彼此新朋旧友同感到一种违别相逢的欣慰。第二,藉以表现女作家们的战斗精神永远是一致而焕发的!也就是告诉读者:这一支生力军永远是精锐而前进的!"并对"专号"中的作品逐一推荐:白薇"以通俗的笔调写出了'道情'体裁的《好汉曲》,充满了悲愤、热狂、兴奋的情绪";安娥的《民众的武装》,"写来激昂动人,实在值得一读";谢冰莹的《从沦陷区域来》"题材真实,描写朴实生动,一看就知道是女兵的独特之作风";方令孺"写下去年《五月四日》的惨痛之回忆,字字句句都仿佛有血和泪的成分,读罢令人黯然";沉樱写出"诗一般美丽的散文《杜鹃》,既可为本刊生色,又可慰藉渴念她的读者";《穿红绣花鞋到剪辫子》是封禾子(凤子)纪念童年趣事的佳作,"文章之活泼流利,正如她的人一样,总是那么天真愉快地;看了她的文章和见了她的人,都会使你跟着忘记了忧烦";"王莹女士自新加坡寄来一封信,这里充满了活力,从这封信里更可以看出她是怎样在艰困的环境中奋斗,她永远是进取的,没有看见她悲观和失望过"。赵清阁的点评是满含情感的诗性文字,简括精当。编者遗憾的是丁玲、冰心、陆晶清、白朗等女作家,因战火阻隔，或无法邀约，或虽然约稿而未能寄达。

著名言情作家张恨水的散文《江南之冬》，写江南的弥天战火，"文弱的江南人都在炮火声里，练成了威武不能屈的汉子"。

老向的《抗战童谣》《日本叹十声》和《油炸卫》，用通俗小调、民间歌谣写抗日内容，努力推进文艺的大众化。

《麦与兵队》是日本火野苇平的小说。作者讴歌进行侵略战争的士兵，掩盖侵略者的罪恶，受到日本文坛的推崇，被称为"战争文学的第一人"。张十方从原著的十九天日记中选译部分章节，刊于《弹花》，让读者看到作者的虚伪和欺骗。纪滢的《建立我们的"士兵文学"》揭露了《麦与兵队》的本质，倡导建立我们反侵略战争的士兵文学。编者称"是一篇很踏实有力的论文"。

赵清阁为《弹花》竭心尽力，备致辛劳。她说，《弹花》"出版以来每期总有几百本在第一战区与第五战区的前方战士们手里翻阅着，使他们在火线上还能得到些后方同胞从文字上所表现的鼓励和慰劳，这对于他们是精神上的食粮，是武力的后盾，可以令他们感到安悦、兴奋，更乐于和鬼子拼了。"（《汉川行》）此情此景，晚年的赵清阁依然难以忘怀。与后来出版的内容雄厚的抗战文艺刊物相比，"《弹花》就显得十分单薄的，但只要能起一点马前卒的作用，我也很高兴。"（《茹苦忆〈弹花〉》）

四

赵清阁为人热情豪爽，极重情义。田汉有诗赠她："从来燕赵多奇女，清阁翩翩似健男。侧帽更无脂粉气，倾杯能作甲兵谈。岂因泉水知寒暖，不待山茶辨苦甘。敢向嘉陵寻画料，弹花如雨大河南。"郭沫若在诗中赞许她"豪气千盅酒，锦心一弹花"。赵清阁在文艺界朋友众多，《弹花》编辑工作中重逢许多旧雨，又结识不少新朋。1937年在武汉与老舍相识，先后来到重庆，又一度曾是近邻，文字与生活的交往甚为密切，相互支撑，心心相印。

老舍在二十期的《弹花》中，就有《我们携起手来》《致女友××函》《话剧中的表情》《我为什么离开武汉》《兔儿爷》《一九三九年元旦》《生日》《诗四首》《由残雾的演出谈到剧本荒》《剑北篇》等多篇文章发表，包括散文、评论、杂感、旧体诗和新诗等多种体裁，给《弹花》以大力支持。

赵清阁在编辑《弹花》的同时，致力于戏剧创作。1940年到1945年，有《女杰》《生死恋》《王老虎》《桃李春风》《此恨绵绵》《潇湘淑女》《雨打梨花》等多部剧作出版。她与老舍有过多次合作，配合默契，风格互补，其中话剧《桃李春风》（又名《金声玉振》）表现抗战前到抗战初期的教师生活，颂扬尊师重道，提倡气节操守，为正直爱国的知识分子唱出了一曲赞歌。1943年出版，演出后蜚声剧坛，获得空前的成功。

五

赵清阁与老舍的恋情，并不是秘密。

1947年，赵清阁有小说《落叶无限愁》，写两个知识分子之间的爱情。有妻子和孩子的邵环教授，爱上了未婚的灿。这段感情的最后结果是，灿斩断情丝，牺牲自己离开了心爱的人。熟悉20世纪40年代文艺界的读者，都会将这篇小说看作是赵清阁的自叙传。

2012年，学者傅光明出版了《书信世界里的赵清阁与老舍》，书中收录他与美国作家韩秀的通信。韩秀的父亲是美国人，母亲是一位著名演员，中国无锡人。她1946年生在美国，但从小在中国长大。赵清阁是她外婆的远房侄女。她熟悉赵清阁和老舍，对老舍晚年岁月多有了解。书中韩秀追忆她近距离观察的赵清阁与老舍的哀乐，并附录了赵清阁给她的八封信件，如同对这尘封已久的故事加了注脚。韩秀说：《落叶无限愁》"这篇小说写的便是这段凄美的爱情。大战结束之时清阁知道了舒（老舍，原名舒庆春。引者）家的情形，悄悄离开重庆返回上海。舒先生跟着逃家，追到上海。一个月后，舒太太带着孩子也追到上海。于是，就有了他们之间的离别。"

董桥在《想起老舍》一文中这样分析赵清阁和老舍之间这一特殊的感情："老舍先生满心是传统读书人的怯懦，卷进两难的深谷中。他一边忍受那份缺陷，一边祈盼一份圆满，最终注定的是缺陷越陷越残缺，圆满越盼越难圆。幸亏赵清阁是旧派闺秀，天生花好月圆的慈悯心肠，画一幅小小花鸟都画得出那份怜惜，眼前老舍无告的抱恨她不会陌生，也不无遗憾，更不惜宽宥。"

赵清阁终身未婚，她已将自己的所有情感都给予了老舍。1966年老舍自沉太平湖之后，她晨昏一炷香，牵念三十年。

《狮吼》复活号与画家卢世侯

一

《狮吼》复活号是《狮吼》的"复活"。

《狮吼》为狮吼社的同人杂志。1924年,狮吼社在日本东京成立,主要成员有滕固、方光焘、章克标、张水淇、黄中等热衷于西方唯美主义的作家。同年7月15日《狮吼》创刊于上海,半月刊,狮吼社编辑,国华书局承办发行。12月15日停刊,共出十二期。1926年1月1日复刊,改名《新纪元》,因为经济力量不足,出了两期又不得不停刊。

1927年5月,《狮吼》由邵洵美接手出版,改为月刊。邵洵美参加狮吼社较晚,从欧洲留学回国途经新加坡登陆观光,他看到报摊上的《新纪元》,觉得很合胃口。回到上海后与滕固倾谈,两人一拍即合。他在第一期的编后记《再生的话及其他》中说:杂志一再停刊,"此中原因,果然很复杂,但总括起来,不外乎一、各人为私事所羁绊；二、书贾的神圣；三、金钱的作祟。"第一期出版后，1928年3月才出版第二期，封底刊登了《本社启事》，又告停刊。

这时，狮吼社的创始成员滕固、方光焘去法国攻读，同人星散。四个月之后，即1928年7月，邵洵美重振旗鼓复刊《狮吼》，半月刊，命名《狮吼》复活号，既有庆贺也有纪念的意义。在此之前，邵洵美筹备多时的金屋书店已经开张。《狮吼》复活号就由金屋书店发行。他在发刊词里说："我们只有三个希望。一、从此不再停顿或脱期；二、能一清这混乱的文坛；三、多得到几位同志。"

二

《狮吼》月刊第一期封面画的是一个做斯芬克斯状的女人。斯芬克斯是古希腊神话中带翼的狮身人面怪物。这幅画呼应了刊名。《狮吼》复活号半月刊第一期则是一个图案化的狮子头占据了封面的上部，突出"狮吼"，十分抢眼。

《狮吼》复活号的创作有邵洵美（浩文）的诗、小说和评论，章克标的散文，傅彦长的通信，徐蔚南的书评等。但刊物的重点是翻译和评介，"《狮吼》复活号一共发表的六十五篇文章（不含编辑手记《我们的话》以及各类广告）中，其中直接对欧美文学的译介、批评作品共计二十三篇，占到总发稿量的百分之三十五点四"（韩晗：《狮吼声何处》）。《狮吼》复活号成了当时文学期刊界介绍欧美文学尤其是欧美唯美主义的一个重要阵地。

邵洵美追求新潮模式，英国文学杂志《黄面志》（*The Yellow*

洵美画像　　　　　　徐悲鸿

Book）和《萨伏依》（Savoy）成为他模仿的样板。他推崇画苑鬼才比亚兹莱的画作，重视刊物的插图，提升刊物的审美格调。

徐悲鸿和常玉都是邵洵美的好朋友。第九期的《洵美画像》是1925年徐悲鸿在法国为邵洵美画的素描。画像后面是诗人自己配的一首小诗《诗人做不成了》："黄了的青叶都将飞去，/天空是灰色湖是瘴气；/啊诗人做不成了，/春风吹尽了春意。//长堤一条线行人一点，/淡写的远山一个睡仙；/啊诗人做不成了，/难得入梦梦不全。"同期还有常玉的素描，邵洵美极为欣赏："每一条线的灵活能使人的心眼跟着一同跳起来。尤其是淡描的几笔极简单的白粉，使人顿时觉得触到了肉的热气，有的是生命，有的是力，是活的雕刻。"（《近代艺术界中的宝贝》）

第十一期的《莫愁像》，编者说明"是在《莫愁湖志》的木刻上翻印下来的，聊以提起艺术界对于我国故有的线条画的兴趣。一首诗是编者添上去的，庶莫愁不至于太寂寞罢了。"

三

《狮吼》复活号插图的第一作者，首推卢世侯。

比亚兹莱的画，装饰趣味浓厚，构图完美平衡，黑白对比强烈，线条繁丽精致，卢世侯深受影响。

《歌》（第四期，1928年8月16日出版）与邵洵美《花一般的罪恶》的诗句相映：

多少朵花儿谢了，／多少张叶儿落了，／多少株树儿枯了，／啊我们的上帝。

四月带来了五月，／十月赶走了九月，／青色变成了白雪，／啊我们的上帝。

忧愁与快乐和了，／魔鬼将天神骗了，／不死的爱情病了，／啊我们的上帝。

画家以花的形象表现了邵洵美诗中的意境。画背面的编者说明文字称道卢世侯："卢先生的线条画，是素为我们所佩服的；笔法的工细与造意的精深；一般凭些小聪明而瞎涂的实不可与之同日语。"

《朋友的死》（第八期，1928年10月16日出版）、《诗人》（第

歌

诗人 甜蜜的思想

朋友的死

迷

九期，1928年11月1日出版）、《迷》（第十期，1928年11月16日出版）、《甜蜜的思想》（第十二期，1928年12月16日出版）等作品，卢世侯渲染凄美诗情，营造诡异气氛，较之比亚兹莱，大有青出于蓝之势而独擅胜场。他黑底白线的画面，如同版画的阴刻，构成了一个静穆神秘的审美世界。画家计黑当白，又彰显着东方式的思维。正如马蒂斯所说："东方人把黑色作为一种彩色使用。"（杰克德·弗拉姆：《马蒂斯论艺术》）20世纪80年代，论者评冷冰川的"墨刻"："画里的黑异常彻底，像最深的夜，像胶片负片中不能辨析的幽昧部分，足以吞没一切庸常。"这段话完全可以移用于五十多年前这位先行者的"黑画"。

《三角恋爱》（第九期）是一幅广告配图。《三角恋爱》为一部长篇小说，作者黄中曾任金屋书店编辑。画面中一个三角形内的三个人物，交织穿插，缠绵不已。

卢世侯的画作称得上当时这类线条画的绝唱。

如果说，《狮吼》复活号上卢世侯的插图让读者看到画家的唯美和浪漫，他的宗教画作《地藏王菩萨九华垂迹图》则表现了画家礼佛的笃信和虔诚。

地藏菩萨在中国民间信仰中受到普遍的尊重与敬仰。弘一法师（1880—1942），即李叔同，本是一位艺术家，后来出家，专研戒律。他也特别推重地藏菩萨。某年，弘一法师正在选辑《地藏菩萨盛德大观》，历述地藏菩萨救度众生的事迹。卢世侯受弘一深沉澹泊精神的感染，在家中割开食指，刺血绘地藏王圣像。弘一为之深深感动。他希望卢世侯以纯净的心念再绘"九华垂迹图"。卢世侯

《三角恋爱》 广告配图

得到弘一启示,起程北上,游访九华山,亲礼地藏大士圣迹,画好《地藏王菩萨九华垂迹图》十二幅,送福建泉州开元寺。弘一法师深嘉其志,为每帧题偈,刊印流传。

卢世侯是一位卓尔不群的画家。平襟亚有《记浪漫画师卢世侯》(载《万象》第一卷第十期),记述他传奇的人生:

> 世侯,嘉禾产,世家子,旅居沪渎,已有年矣。其父豪于赀,广交识,在海上金融界称巨擘。因世侯之貌奇寝,眉粗而肌黑,且痘痕满两颊,不作白面书生,致失堂上之爱。二十而娶,亦不克享伉俪之乐。孑然块然,踽踽凉凉,以家室为传舍。

卢世侯长得很丑,备受冷落,但是他"怀不羁之才,负绝世之

技":

> 外浊内清,颖慧过人,于艺事无弗精。曲工青衣,能行梅程荀尚之腔,得其神似。尤能效白玉霜喜彩莲靡靡之音,于隔院闻之,咸为神摇而魂荡。绘事工古典派人物,熔中西于一炉,笔致纤细,装饰古茂,一幅脱稿,令人惊服。

画艺高超,卢世侯作画的习惯也异于常人。平襟亚文中说:"世侯生性孤僻,落落不与世谐,兴到时,闭门作画,亘三五月绝不与社会往还,朋好通问;似僧侣之坐关,与世长相遗者。其染翰也,必佐以果饵烟卷,堆叠满桌,随啖随绘,挥洒自如,目不旁瞬。故尺幅之成,恒在果核遍地烟蒂满盂中,其所获不偿所耗且倍蓰焉。"

1935年春,平襟亚专志于出版事业,出了百余种通俗小说,封面皆出自卢世侯笔下。彩色印刷,在通俗书中大放异彩。

全面抗战爆发之后,卢世侯先是执业新华影业公司,负责古装片的人物服饰和宫殿布置,后去香港。当时因工作繁忙,心力交困,染上了抽大烟的恶习。到港后,卢世侯的经历可谓一波三折。最初是:

> 寄居友人舍,晨夕以焚膏为乐,弃笔砚如遗,以此生活日趋窘乡。日久,友有烦言,世侯不能安居。

继之:

> （世侯）竟发奋弃灯劈枪，杜绝嗜好。且毅然摒弃其儒服长袍，穿工人装，杂苦力中，从事于防御工程之建筑，荷锄担泥，作苦工以谋一饱。时同与操作者，固不知其为文弱书生，且不知其身怀艺术天才也。
>
> 一日，正夕阳含血堕山阿，晚鸦归巢，群动欲息，世侯犹伏身泥淖中。忽来一汽车，经堤岸，绝尘而驰，世侯猝不及避，为车所撞，及同侪引之出，已血肉模糊，气息仅属。时车中人为港地一主教，见状，不觉油然而生恻隐之心，乃以原车载之入某医院，为之疗治。世侯于九死一生中，居然得以复活，调养数阅月，伤处竟痊可。

飞来横祸之后是峰回路转：

> 会主教来院探视，见世侯谈吐不俗，疑非苦力，因询以身世，世侯举实以告，主教大惊谢过，迎之居教堂，待以上客之礼，进丰馔，出楮墨，命绘耶稣圣母像。世侯调朱设彩，伸纸濡毫，凡闭户三阅月，而画像以成，庄严妙相，工致无伦。教士大赏识，以为有天助，乃使彼于无意间发掘一异才也。

从此开始，"世侯之名大著，得恢复旧日之绘画生活"。只是好景不长，"太平洋风云突起，港地随之沦陷，教堂及世侯之画舍，均毁于炮火，世侯踉跄出走，入难民收容所，不数日，乃以瘐毙闻"。

文末，平襟亚在感伤中心存希冀："或谓世侯实未死，至今犹健在；若是则良佳。"文章写于1942年的上海。20世纪40年代末至50年代香港的电影《清宫秘史》《江山美人》《儿女英雄传》《倩女幽魂》等的服装设计都是卢世侯。平襟亚当年希望"他日归来，脱读我文，正不妨相与一笑，视我文所记，为一时佳话可也"（《记浪漫画师卢世侯》），竟然最终成为事实。

四

1928年12月，《狮吼》复活号出了十二期之后停刊。停刊词《我们的话》说：

  惯常刊物停办的时候总是一件很不开心的事情，而每一个编辑者便总得发一篇牢骚，但是我们的情形却绝对不同。

  要知别人的停办，总不出以下几种原因——

  （一）有犯当道吓令停办

  （二）有关风化禁止出版

  （三）销路不振自动休刊

  （四）意见不合编辑解散

  但是我们的停办，却是另外一种原因：对于（一）（二）两种，那是读者早就知道的，我们说出话来很知轻重，对于（三）那么自从第九期以后销路日增差不多即刻要印再版的样子；对于（四）那更不必说了，我们是有了些年纪的，我们的结合本来是

（第一次）　（第三次）

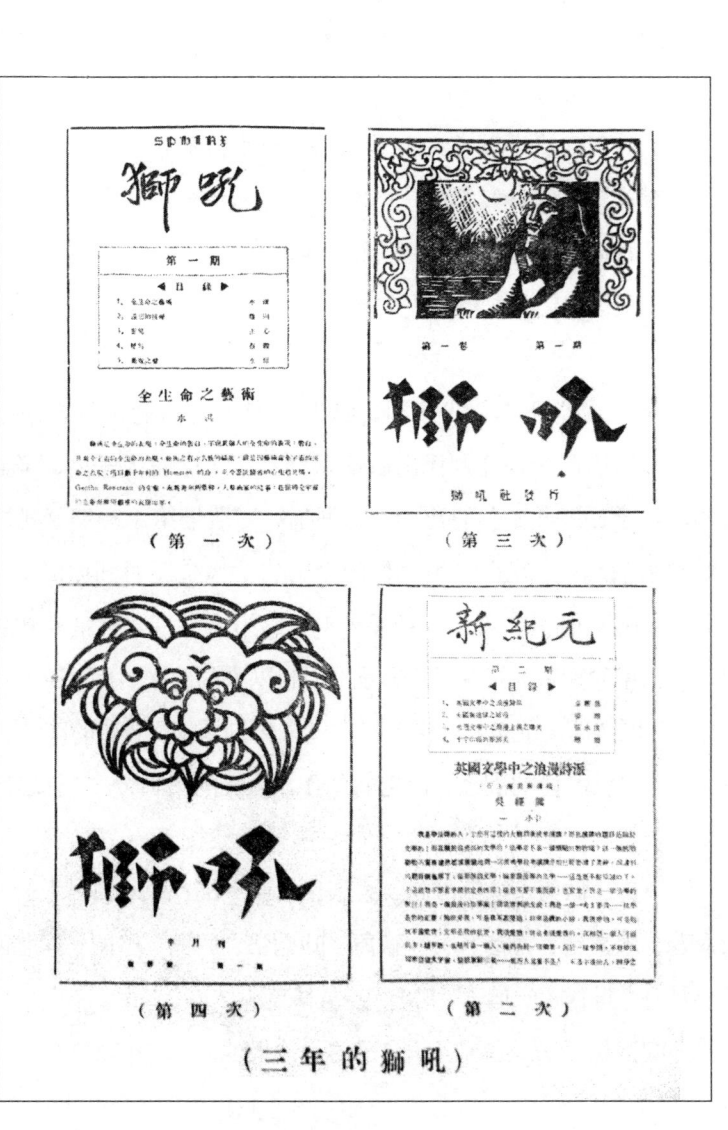

（第四次）　（第二次）

（三年的獅吼）

《獅吼》创刊以来的四张封面刊影

一种研究学问的性质,决不会像那般小孩子有糖吃的时候你亲我爱,没糖吃的时候你打我骂。

我们这次可以说完全是为了要努力而牺牲,牺牲金钱又牺牲时光;因为我们竟把销路极好的狮吼半月刊停办了而去为金屋月刊撰稿;我们希望在那里与读者有多谈些话的机会。

别了,亲爱的读者。

这是一次"开心"的停刊,因为邵洵美要另起炉灶,创办新刊。金屋书店已为构建邵氏出版体系创立了一个重要平台,《金屋月刊》将于1929年1月1日出版。《狮吼》复活号第十一期《我们的话》发布消息:"我们将用我们的全力去为《金屋月刊》撰稿,但《狮吼》则不得不从第十二期后停刊。"第十二期《狮吼》复活号扉页《三年的狮吼》刊登了《狮吼》创刊以来的四张封面(三张《狮吼》,一张《新纪元》),意味着与过去告别。《预告》的新刊物花色繁多:"有严谨的翻译,优选的创作,精美的图画","有忠实的介绍,公正的批评,诚恳的讨论"。撰稿和绘图者有方光焘、朱维基、邵洵美、徐蔚南、徐霞村、梁宗岱、章克标、张水淇、张若谷、张嘉蕊、张嘉铸、傅彦长、叶秋原、叶鼎洛、滕固、滕刚、徐悲鸿、江小鹣、卢世侯、张道藩、SM等各路精英。

邵洵美秣马厉兵,要开出自己的一片天地。

《上海漫画》与汪子美的《新八仙过海图》

一

1936年9月出版的第五期《上海漫画》，刊登了汪子美的《新八仙过海图》，并附有漫画家自己写的短文《新八仙过海》：

吕洞宾　林语堂　张果老　周作人　曹国舅　简又文
李铁拐　老　舍　汉钟离　丰子恺　何仙姑　姚　颖
韩湘子　郁达夫　蓝采和　俞平伯

一九三×年，文坛八仙方泛舟于惊涛怒浪中，欲飘然远引，离开那失望的《人间世》，另觅仙境以适，时蓬岛火山爆发，吐出帝国主义的火焰，一时两岸救亡呼不住，轻舟难过万重山。八仙相顾失色，吕纯阳喟然叹曰："呜呼！文坛动乱，鸡犬不宁，《人间世》变为魔鬼场，《宇宙风》吹向北冰洋。苍蝇不肯入

新八仙过海图

诗,麻雀飞到普罗。象牙塔中不闻吹玉笛,十字街头但见打花鼓。龟言此地之旱,鹤讶今年之灾。一寸二寸之骨,袁中郎之残坟已掘尽,三根两根(之)烟,幽默堂之清谈尚未完。我们岂甘将清风明月,葬送于大饼油条耶?"

于是众仙喋喋,议论纷然,清谈雅话,坠地铿然。韩湘子吹笛和之,其声呜咽,如怨如慕,如泣如诉,泣海底之鲛人,舞中郎之幽魂。

张果老曰:"我有一壶苦茶,黄昏到寺蝙蝠飞,我岂能不喝一杯?"

李铁拐曰:"篮里猫球盆里鱼,大明湖上的名士怎可埋没?"

曹国舅曰:"我初创《逸经》,方兴未艾,正愿东南西北风吹遍人间世,吹得人人面带幽默的笑容。"

韩湘子曰:"但看花开落,不言人是非,天涯芳草我尚未踏遍。"

何仙姑曰:"我《京话》不能不写。"

汉钟离曰:"我漫画不能不画。"

蓝采和曰:"总之,我们得想办法!"

七仙环请吕道人求善策,道人频摇首,叹曰:"非其时矣!吟风弄月之嘤嘤,已不敌奔走救亡之咤叱。国防文学将持大刀阔斧来砍小品艺术之玲枝珑叶。如今贫道顾不得诸位仙兄道妹,吾将携古骨(董)一二套,走往西洋极乐世界另求出路去矣!"言毕,招下黄鹤,嘎然一声,乘风羽化而去。

七仙怅然,相顾无语。正是:

道人已乘黄鹤去,

海上空留《宇宙风》;

黄鹤一去何时返,

《宇宙风》变"宇宙疯"。

1937年4月,《逸经》编者简又文以二十元购得这幅漫画,刊《逸经》第二十八期。刊出时画题、作者都与《上海漫画》相同,只是多了"斑园藏"三字。"斑园"为简又文的住宅名。简说,这是因为他的名字中有一"文"字,他的夫人名玉仙,所以用"斑"字名园,表示共同生活。当年与简又文共编《逸经》的谢兴尧,在时隔近六十年的1995年有《回忆〈逸经〉与〈逸文〉》,说明了"斑园"的缘由。

同期《逸经》,有谢兴尧(署名"五知")写的《新旧八仙考》。文中写道:"林语堂氏提倡幽默创办《论语》,风靡一时。世人以在《论语》上常发表文字之台柱人物,拟为八仙,林氏亦承认不讳。如《宇宙风》第一期,林跋姚颖文云:'本日发稿,如众仙齐集将渡海,独何仙姑未到,不禁怅然。适邮来,稿翩然至。'吾人虽知有'新八仙'——或'活八仙'——之说,而究不悉诸仙尊姓大名。至去年夏,林氏将赴美,某漫画杂志始有《八仙过海图》(缺一'新'字。引者),即摩登新八仙也。余友大华烈士因为仙家之一,乃不惜以'番佛廿尊',易八仙原绘,予得亲睹仙家'神气'。(注:神气,川谚,即样子、模型意。)所拟为:吕洞宾——林语堂、张果老——周作人、蓝采和——俞平伯、铁拐李——老舍、曹国舅——大华烈士、汉钟离——丰子恺、韩湘子——郁达夫、何仙姑——姚颖。此新八仙题名录,亦近年来文坛佳话也。"大华烈士,原名简又文(1896—1978),广东新会人,字驭繁,号大华烈士。1917年赴美国留学,获芝加哥大学研究院硕士学位,回国后任燕京大学教授。谢兴尧曾问简又文"大华烈士"之意。简说,曹操的诗"老骥伏枥,志在千里,烈士暮年,壮心不已",可见生人亦可称烈士。"至于大华烈士,系俄语同志之义"。(谢兴尧:《回忆〈逸经〉与〈逸文〉》)谢兴尧在《新旧八仙考》中说:"至旧八仙之来历与神话演进,每与朋侪谈及,均不知所出。"因此他着重对"旧八仙"的来历也做了一番考索。

《新八仙过海图》之前,汪子美有《春夜宴桃李园图》,刊于1936年4月出版的《漫画界》第二期。图下也有他配合漫画的短章:

    时维二月,序属仲春。是夜月色甚佳,星斗徘徊,园中桃李

春夜宴桃李园图

灿烂开矣。名儒"语堂居士"及"苦茶和尚",联笺雅召四方山野高士,邀客来园中饮酒赏花。于是国内文坛"藏鹿卧鹤"之士,皆翩然而至。一时杯觥交错,谈笑生风,龟能解韵,鹤可唱咏。举止无粗线条,吐露尽细表情。各述经验,不外小桥,明月,凉风。有所探讨,无非种竹,看花,钓鱼。并没有"阿比西尼亚"名词掺杂入耳,致伤大雅。酒酣,由"语堂居士"伸纸援笔,草《春夜宴桃李园序》一文,落英缤纷中,但见走笔如龙,一挥而就。文曰:

夫宇宙者,万载之文章,苍蝇者,百代之小品,而浮生若梦,幽默几何?古人桃园(源)避秦,良有以也!况小碟嗑我以瓜子,大块吃我以豆腐。会桃李之芳园,序文坛之雅事。群季俊秀,皆为"公安",吾人文章,独尚"中郎"。"拉丁"未化,简字普行。开"人间"以"书屋",飞"宇宙"而生"风"。不有佳作,何抽版税?如稿投来,酬依千字五元。

漫画下方标出人物名字,自右至左:苦茶和尚,达夫山人,语堂居士,平伯学究,子恺画师,老舍秀才。

二

20世纪30年代初期和中期,林语堂在上海前后相继地创办了三个刊物:1932年9月的《论语》,"以提倡幽默文字为主要目标"(《我们的态度》);1934年4月的《人间世》,专刊小品文;1935年9月,又出版了散文刊物《宇宙风》。林语堂主张,"小品文可以发挥议论,可以畅泄衷情,可以摹绘人情,可以形容世故,可以记琐屑,可以谈天说地,本无范围,特以自我为中心,以闲适为格调,与各体别","宇宙之大,苍蝇之微,皆可取材"。(《〈人间世〉发刊词》)"一时风起云涌,简直在文坛上搅起了巨大的波浪。上接晚明的'公安派',旁采西方的Essays,作品和刊物,或以幽默标榜,或以素描见长;或谈性灵,或言格物,真有目迷五色之感"(钱公侠等:《〈小品文〉小引》)。兴起这一波小品热潮的主帅是林语堂,而精神领袖则是周作人,即漫画中的"张果老""苦茶和尚"了。

当时,日寇步步进逼,1931年"九一八"事变之后,1932年又有上海的"一·二八"事变,东北陷落,华北危急。林语堂提倡的小品文,受到左翼作家的抵制和抨击。1933年鲁迅在《小品文的危机》

中，批评"小摆设"的小品文，就是在"太平盛世"也不是什么重要的物品，"何况在风沙扑面，虎狼成群的时候，谁还有这样多的闲工夫，来赏玩琥珀扇坠，翡翠戒指呢"。林语堂在一片反对声中发表了多篇答辩，阐述他幽默小品的文化理念和艺术趣味。双方曾围绕小品文展开了一场论争。

三

国家危难，漫画家对鼓吹幽默闲适的小品，也有自己的看法。

《新八仙过海图》《春夜宴桃李园图》之前，早在1934年9月20日出版的《时代漫画》第九期，汪子美已有《国防人才点将录》。八幅漫画，画面临日寇侵略可选的国防人才。值得注意的是，点将的人选和条件异想天开，匪夷所思。比如，选当年的游泳高手、号称"美人鱼"的杨秀琼，专任海底探哨，侦察敌人潜艇动态；著名电影明星胡蝶，适合去担任间谍；西北活佛可诵经念咒，呼风唤雨，让蓬莱三岛从此陆沉等。一共八位，个个"非凡"，其中一位就是林教授。画下说明：

> 再派幽默大师林教授携古代小品集及幽默刊物两万万部，赴敌国分送各地青年学子，并流动演讲幽默与灵性之趣旨，以消灭其青年国民爱国前进的思想。预料不久彼邦全国青年，皆口衔香烟，坐厕所内，读小品文，不复问国事矣。

《国防人才点将录》之一　　　　诗人游地狱

　　幽默大师胜任国防人才，小品文竟然出奇制胜。画家就在这种天方夜谭的荒诞与一本正经的叙说中，"幽"了林语堂一"默"。
　　1935年，汪子美又有漫画《诗人游地狱》，作为张光宇主编的《独立漫画》第五期的封面。飞机、坦克充斥战场，人们在浴血挣扎。诗人手持香烟，神态悠然，似在漫游。携书一卷，书名《小品文》。"诗人"的形象一眼就可以认出是邵洵美。抗战烽火使昔日为艺术而艺术的文学追求与消闲取向，显得不合时宜。漫画自然有讽刺的含意。邵洵美写了《一个艺术家的劝告》说："忠实于艺术研究的张氏兄弟的刊物封面上，有这样的表现，我心里确乎感到说不出的难受。无聊的诗与小品文是有的，正像无聊的漫画在市面上也数见不鲜；但是因此而对诗与小品文或漫画，表示讥讽，似乎便失却了艺术家诚恳的态度。"这无疑自动"对号入座"。不过，漫画家讥讽的不是诗与小品文或漫画，而是在炸弹满空、河水漫野中依然陶醉于小品的"诗人"。

四

1936年夏，林语堂移居美国。全面抗战爆发后，林语堂主办的《论语》《人间世》《宇宙风》，连同拥护林的小品观、具有相同旨趣、同在上海出版的《逸经》《谈风》《西风》等，或休刊停办，或迁出上海，论语派的小品文刊物遂成历史。

漫画和戏谑文字的背后，留下了现代文学史一页斑驳图影。

今日文学史家认为：当年林语堂倡导的小品文存在明显的不足，但在小品文理论建设和小品文发展方面做出了重要的贡献。实际上，林语堂倡导的小品文与鲁迅提倡的小品文说到底是不同的两个品种。林语堂"将英国小品的'幽默'和古代公安派'性灵'嫁接后的论语体，与'左联'义愤填膺的文学同属乱世文字"（许道明：《插图本中国新文学史》）。

五

汪子美，别名汪北辰，1913年生于山东临沂，少年时就读于青岛扶轮中学。后随家人到天津，1930年在天津美术馆进修。1934年入上海美术专科学校西洋画系，在校期间已是活跃的漫画作者，常有漫画在上海报刊发表。他的"漫画作品，构思想象力极其丰富，善于

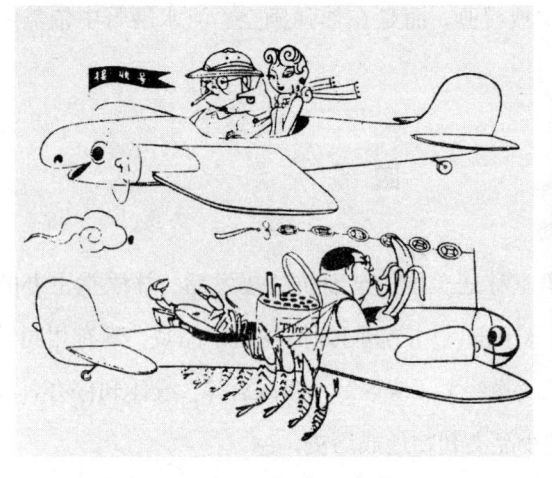

飞来飞去　　　　　　　　　　　　青年汪子美的自画像

根据不同表现题材作不同夸张的人物造型处理,有的稍作夸张,有的极度夸张,各有其妙,恰当和鲜明地表达了主题。或黑白钢笔线描,或阴阳明暗画面处理,各具风采。除创作大量政治讽刺漫画外,尤擅人物肖像漫画"(黄可:《漫话海派漫画》)。汪子美的肖像漫画形神兼备,惟妙惟肖,漫味十足,脍炙人口。

全面抗日战争开始,汪子美先是《救亡漫画》的编委,后是《抗战漫画》的主要作者,投身于抗战的洪流。1945年3月,他与漫画家高龙生在重庆合作举办题为《幻想曲》的漫画展览,借助"幻想"的画面,影射和暴露不合理的社会现实,颇获好评。1946年的漫画《飞来飞去》,讽刺抗战胜利名曰"接收"实则"劫收"的大员的卑劣行径,成为他的代表作。

汪子美致力漫画理论研究,先后撰有《论小品漫画之特性》

《漫画价值的立足点》《中国漫画之演进及展望》等论文，为中国漫画理论的建设做出了贡献。

创作漫画之外，汪子美深爱文学，时有散文、随笔发表。一双"画眼"看世界，自有与众不同的神采韵致。

1949年后，汪子美在重庆从事专业创作。1957年落入"阳谋"的圈套，发配深山经受二十二年炼狱。1978年"右派"得到改正，已是家破妻离。2002年，汪子美去世。

王大壮在《"冷面老生"汪子美》中记述1988年对汪子美的一次访问："他身穿半旧呢子大衣，头戴毛线贝雷帽。虽然帽子很大，压住大半个前额，但青壮年时代的潇洒风度仍依稀可见。黝黑清癯的脸膛，鼻梁上架一副深度近视或老花眼镜，双唇紧闭，嘴角下垂，一副凛然不可侵犯的模样。"访谈中"我趁机劝他'出山'再画漫画，恢复和老相识们的交往，他把脸一沉：'不！'毫无商量的余地。"决绝中难掩历史的悲情。

《六艺》和《文坛茶话图》

一

《六艺》,1936年2月15日在上海创刊。月刊,十六开本。4月15日第三期出版后停刊。高明、姚苏凤、叶灵凤、穆时英、刘呐鸥编辑,六艺社发行。发行人姚苏凤(1905—1974),原名姚赓夔,笔名苏凤,江苏苏州人。曾任上海《晨报》副刊《每日电影》主编、《辛报》总编辑、《新民报》主笔等职。终身工作于报界,为新式小型报的倡导者。

二

"六艺"的古义指礼、乐、射、御、书、数,《六艺》杂志则为文学、戏剧、电影、音乐、绘画、雕塑诸类。艺术评论、艺术理论的译介是《六艺》的重点。

创刊号的《一九三五年中国艺坛回顾》特辑有《一九三五年中

《六艺》创刊号刊影　　　　《六艺》创刊号版权页

国文坛的倾向流派与人物》（江兼霞）、《胡蝶论》（姚苏凤）、《一年来戏剧之趋势》（培良）、《谈画》（庞薰琹）、《三五年的中国漫画艺术》（王敦庆）五篇文章，除《胡蝶论》是从影星展开议论之外，其余四篇分别论述文学、戏剧、绘画、漫画等门类在过去一年的走向，从个人视角做出评价。

王敦庆的《三五年的中国漫画艺术》指出：1935年中国漫画"制作的数量已超过远东任何一个国家的收获，理论和技巧也毫无怀疑地在直冲猛进和争奇斗艳"，集过去十余年的努力也难打破本年度的纪录。究其原因，作者认为一是漫画家人才辈出，一是社会需要。作者对当时几家重要的漫画刊物一一评述：《时代漫画》在这个倒行逆施的时代和"屋漏偏遭连夜（阴）雨，破船更遇打头风"的国家里，它还能和真理、良知、乐趣、批评和嘲笑的儿女们结伴，既不左

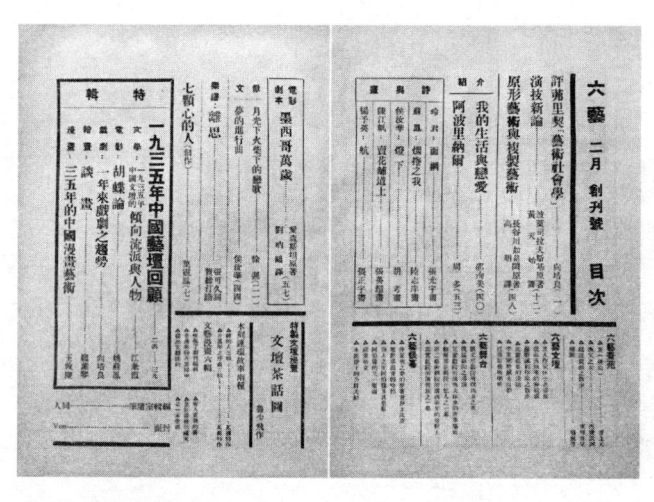

《六艺》创刊号目录

顾也未右盼地在远东独步,不管它在爬、在滚、在走、在跑,刚刚做过了两周岁诞辰。编辑鲁少飞,"一个勤读不倦的忠实的努力的青年"。《独立漫画》是"富有精神新型式的漫画刊物","编排之美丽和画面之考究是为任何漫画杂志所羡赞的"。编辑张光宇为人极其谦恭,是上海漫画界的领袖人物。《中国漫画》很像初期的《时代漫画》,"关于两性的、色情的青春漫画似乎分量太重"。编辑朱金楼在中国漫画坛上虽无鼎鼎的大名,他是受过相当的西画训练的勇敢的青年。《漫画和生活》就是《漫画生活》的化身,"以反帝和同情于劳苦大众的意识为号召,介绍外国的反战漫画很努力","其作家大半都是不常在别种漫画刊物投稿的一群新人物,的确是一种有主张的别树旗帜的漫画刊物。编辑是思想很前进的张谔。发行人是中国唯一的决不承认是左翼漫画家的黄士英'同志'?"评论观点鲜明，笔调幽默。王敦庆（1899—1990），字梦兰，笔名王一榴。浙江嘉兴人。1923年毕业于上海圣约翰大学英文系。1930年3月参加"左联"。他是当时很活跃的漫画家和漫画活动家。

《六艺》编排装帧极富美感。每期的四页画页分别是《六艺文坛》《六艺银幕》《六艺舞台》《六艺画苑》，以摄影或绘画作品反映世界文学、电影、戏剧、绘画的动态，铜版纸印刷。创刊号的《诗与画》专栏，玲君、陈江帆的五篇诗作，每篇都配有插图，巧思妙构，点染诗意。插图作者张光宇、胡考、陆志庠、张正宇、张英超，无一不是名冠海上画坛的漫画大家。禾金的小说《蝶蝶样》表现日本反战者的故事，苦雨凄风，人生悲凉。女画家梁白波绘制的插图，不求图式配合，而着力在探求新潮，突出象征意味和抽象情趣，意象怪异而优美。

三

《六艺》创刊号最引人注目的是漫画《文坛茶话图》，作者鲁少飞。画页为浅米黄色道林纸印制，插于杂志内文中间，展开相当于两页的篇幅，画面净高二十一点五厘米，宽三十厘米。画下的说明全文如下：

> 大概不是南京的文艺俱乐部吧，墙上挂的世界作家肖像，不是罗曼·罗兰，而是文坛上时髦的高尔基同志和袁中郎先生。茶话席上，坐在主人地位的是著名的孟尝君邵洵美，左面似乎是茅

文坛茶话图

鲁少飞

盾，右面毫无问题的是郁达夫。林语堂口衔雪茄烟，介在《论语》大将老舍与达夫之间。张资平似乎永远是三角恋爱小说家，你看他，左面（是）冰心女士，右面是白薇小姐。洪深教授一本正经，也许是在想电影剧本。傅东华昏昏欲睡，又好像在偷听什么。也许是的，你看，后面鲁迅不是和巴金正在谈论文化生活出版计划吗？知堂老人道貌举（岸）然，一旁坐着的郑振铎也似乎搭起架子、假充正经。沈从文回过头来，专等拍照。第三种人杜衡和张天翼、鲁彦成了酒友，大喝五茄皮。最右面，捧着茶杯的是施蛰存，隔座的背影，大概是凌叔华女士。立着的是现代主义的徐霞村、穆时英、刘呐鸥三位大师。手不离书的叶灵凤似乎在挽留高明，满面怒气的高老师，也许是看见有鲁迅在座，要拂袖而去吧？最上面，推门进来的是田大哥，口里好像在说："对不起，有点不得已的原因，我来迟了！"露着半面的像是神秘的丁玲女士。其余的，还未到公开时期，恕我不说了。左面墙上的照片，是我们的先贤，计开刘半农博士、徐志摩诗哲、蒋光慈同志、彭家煌先生。

这段文字也署名"少飞"。

目录页更有三行文字：特制文坛漫画；文坛茶话图；鲁少飞作。字号不一，字体不同，格外醒目。

鲁少飞，中国漫画史上一位卓有成就的漫画家和编辑家。1903年生于上海，自幼随当民间画师的父亲习画。1920年曾在商务印书馆当绘图生。后到上海美专学习，因无力缴费辍学。1924年曾在奉天（今沈阳）美专当西画教员，后有《北游漫画》出版。1927年在南京国民革命军中创作宣传画，回上海后参与发起"漫画会"，与张光宇等合办中国美术刊行社，出版《上海漫画》。1934年主编《时代漫画》。

《文坛茶话图》描绘了当时二三十位作家正参加一次茶会的情景，这自然是画家的想象和虚构，并非实有其事。不过，一幅画汇集了当时的文坛名流，形象惟妙惟肖，确也幽默有趣。

文坛的反响也很及时。1936年5月，《六艺》出版三个月，北平创刊的《每月文学》第一期上有署名"雪野"的《读〈六艺〉偶得》。文章揭露《一九三五年中国文坛的倾向流派与人物》的作者江兼霞为杜衡的化名，讥刺杜衡在文中的自吹自擂。同时指出，《文坛茶话图》漫画及文字中说郑振铎"假充正经"、傅东华"好像在偷听什么"，却尊称徐霞村等为"大师"，高明"老师"看见鲁迅在座要拂袖而去，叶灵凤"手不离书"，一贬一褒，立见态度。这与杜衡文中称"现代之群"是"目前最流行、给予最大的影响，而且不断的努力着的"作家群，称《文饭小品》是"最严肃的刊物"，称他自己的长篇小说《叛徒》是"三五年度最优秀的作品之一"，如出一辙。文中点名鲁少飞的《文坛茶话图》是"受了嗾使专门攻击异己"而画。作者说："小孩子在墙上用白灰画忘八，在画上注明他要骂的人的姓名。这不能叫做漫画。"《文坛茶话图》"与孩子的白灰画虽然工细不同，其意义是一样的"。

《每月文学》是由王余杞编辑的左翼刊物，自然为左翼作家发声。杜衡文中说的"现代一群"，指《现代》的编者施蛰存和《六艺》的编者等作家群体，与左翼作家观点素有不合。《六艺》出版之后，有人称他们为"六艺派"（温梓川：《三个一夜成名的青年作家》），但漫画家鲁少飞并不属于"现代一群""六艺派"。雪野的论断缺乏证据，未免离谱。

如果联系当时上海的邵洵美沙龙，《文坛茶话图》的出现就可以理解了。20世纪30年代的邵洵美是诗人、翻译家，也是出版家。他倾力从事文化事业，出资办了金屋书店、新月书店、时代图书公司，出版《论语》和《时代漫画》。经常出入邵府沙龙的成员就有三十余人，其中不少是文艺期刊的编辑，鲁少飞和他的朋友张光宇三兄弟都是沙龙的常客。文友聚会长谈，沙龙还有清茶、咖啡、西点或鸡丝煨面招待。邵洵美的交际网络和雄厚的出版资源更为这些艺术家提供了平台。漫画家画了幅作家群像，画面中邵洵美居于主人的地位，说明中称他为"著名的孟尝君"，这一切似乎都不令人感到突然。

四

1991年，《文坛茶话图》面世五十五年，《文汇读书周报》重刊了这幅漫画。

意想不到的是，重刊却引出了一个大问题。

季小波写了《谁画了〈文坛茶话图〉》，指出鲁少飞不是《文坛茶话图》的作者。季小波（1901—1997），江苏常熟人，老漫画家。他在文中说："我和鲁老初见于上海'晨光艺术会'，该会是后于'天马会'的上海西洋画研究团体。之后，又共同组织'漫画会'，再后，在上海《申报》的长篇漫画组成为同事。他的《北游漫画》是我编的，还和他办了'漫画函授部'，因此可以说我熟知鲁老。30年代，

《六艺》画页

在文艺刊物《六艺》上，登有一幅《文坛茶话图》，署名鲁少飞。但实际上并不是鲁少飞画的。"他进而分析："根据画的笔迹，是可以判明真假的。我用放大镜仔细对照了《六艺》创刊号的锌版图，我认为线条是生硬的，从画的人体动态看，此画也是缺少根底的。有几位名作家的动态是既无神韵，更谈不到生气，如在此画的左下方所绘的两位那样，他们回顾时的头部，几乎离了颈部，好像被移装在肩上一般。鲁少飞有天赋，在'晨光艺术会'画了多年人体素描，会出现如此笑话么？当然不可能。此画显然是另有人在开鲁少飞的玩笑。"

季小波的说法尚可以讨论，关键是鲁少飞自己这时也否认是这幅漫画的作者，他在重新见到《文坛茶话图》时表示"线条像我"，但是又说"记不起来了"。

施蛰存则明确肯定《文坛茶话图》和说明文字都出于鲁少飞的手笔。他是漫画中的人物之一，当年与《六艺》的几位编者都是很好的朋友。他说，这幅漫画重刊后，有人来问我："画得像不像？"我说："都像，连各人的神气都表现出来了。只有一个人不像，那是彭家煌。"施蛰存对鲁少飞的态度感到惊讶，专门写了《鲁少飞的心境》一文。他认为鲁少飞否认的原因在于"这幅画以邵洵美为主人，坐在主位上"，而1949年后邵洵美在政治运动中屡受打击。鲁是在有意规避。施蛰存说："鲁少飞画一幅以邵洵美为主的《茶话图》，也不会受到邵洵美的玷辱，我很不理解鲁少飞为什么要否认这幅画。邵洵美门下'食客'虽多，至少鲁迅、周作人、洪深总没有在邵家吃过一顿饭，当时他们见到这幅画，都没有表示反感，因为大家知道漫画的艺术处理有此一格。"施蛰存称"鲁少飞不得不承认这幅画的'线条像我',却又推说'记不起来了'",这是一种"拒不出土的心境"。他的看法是:"好像今天的鲁少飞,还怕沾染邵洵美这个'纨绔公子'的病毒细菌,他像倪云林一样地有洁癖,非要掸掉身上的一些灰尘不可。"

鲁少飞记不清了,他让访问者去问他的朋友、同是漫画家的叶浅予。叶浅予的回答也是模棱两可:"当时我在南京,所以关于这幅画的事一点也不知道,不过从画风上看,像是鲁少飞画的,画得很写实;但在我的印象中,鲁少飞似乎没有画过这么复杂的人物构图。"叶浅予排除了张光宇三兄弟是此画的作者,他认为汪子美有可能。(谢其章:《鲁少飞画过〈文坛茶话图〉吗?》)实际上,汪子美也没有这种可能。汪子美擅长漫画人物群像,《漫画界重阳登高图》《全国运动会"电影演员组"全体游泳选手》等,运笔流畅,突出人物面部特征和表情并加以艺术化处理,自有不同于《文坛茶话图》的风格、神韵。这且不说,关键在于他和邵洵美的交谊,远不像鲁少飞那样熟悉。《六艺》创刊号出版之前,1935年第五期《独立漫画》的封面是汪子美的漫画《诗人游地狱》。画家讥讽的正是邵洵美,在民族危机峻急日甚一日之时,依然鼓吹闲适小品,背离了时代主流。

风剥雨蚀近一个甲子过去,今人如何评论《文坛茶话图》?

作家姜德明说:"漫画无伤大雅,对作家们并无恶意,基本上没有对个人进行攻击。当然,漫画家对人物的褒贬还是有的,亦难避免个人的偏好。"他认为,说明文字中有关鲁迅、巴金、茅盾、洪深、郁达夫、施蛰存、叶灵凤等都是客观描绘。丁玲、田汉未能进屋,是因为当时都被国民党软禁在南京。墙上挂着高尔基和袁中郎

木刻连环故事两种　　　　无题

的画像，反映了当时左翼文艺的活跃和周作人、林语堂提倡明末小品的实际状况。姜德明也指出配文中未必准确之处："如说老舍是林语堂主办的《论语》杂志的积极投稿者，估计无人反对，现在却说他是《论语》的'大将'则欠妥，因为老舍并不是发起人之一或参加编务工作的决策者。又如讲张资平坐在冰心和白薇两位女士的中间，即说他'似乎永远是三角恋爱小说家'，这种玩笑开得离题甚远，也不严肃。""尤其是坐在主人地位的邵洵美更是不伦不类。"（《关于〈文坛茶话图〉》）

学者费冬梅写道：

> 这幅漫画涉及30年代文坛二三十位作家，有左翼、社会写实派、浪漫抒情派、新感觉派、现代派、唯美派、"第三种人"

等,一向不睦的鲁迅与邵洵美也在画面上意外"相逢",而尤让人惊讶的是,邵洵美竟然坐在主人的位置。或许在现实生活中,这样的文坛聚会很难出现,而鲁少飞对邵洵美的褒誉("坐在主人地位的是著名的孟尝君"),也或许和他们二人当时的身份有关(邵洵美是鲁少飞的老板),也许跟邵洵美的财富有关,总之这幅画难说不藏有鲁少飞的"拍马"意图,但这幅画反映的情境却也一定程度上折射出30年代的文坛实况。邵洵美其时自然不能在文学成就上端居首席,但作为文坛的交际领袖以及买单人的孟尝君形象却已经深入人心。(《沙龙:一种新都市文化与生产》)

五

"七七"事变后,鲁少飞即投入抗日救亡洪流,在上海、广州主编抗战漫画刊物。后辗转西北,在新疆曾被军阀盛世才囚禁。1949年以后,他一直在美术编辑的岗位上默默无闻地工作。20世纪70年代退休在家,足不出户,仅以书法自娱。1995年去世。研究者称,"从一位风流倜傥的艺术才俊到如一尊弥勒佛般的慈容,人间沧桑仿佛如尘土一般卷着而去,只有心静如水,才能笑看云卷云舒和花开花落。""从他拒不出土大隐于市的品性,窥视到一位文化名人内心崇高的人格境界。"(李超德:《拒绝出土的鲁少飞》)这不妨看作是对《文坛茶话图》作者之谜的又一种解读。

《时代漫画》和《漫画界》上的鲁迅

一

《时代漫画》是20世纪30年代出版时间最长、影响最大的漫画杂志,鲁少飞主编。月刊,十六开本,上海时代图书公司发行。1934年1月创刊,1936年3月被查封停刊,同年6月复刊,1937年6月终刊。共出三十九期。

《时代漫画》被查封的次月,《漫画界》创刊,以曹涵美、王敦庆的名义编辑,上海漫画建设社发行。第一期《发刊之话》说:"《漫画界》仅仅是《时代漫画》的暂时代言人而已,执笔者一概是'时漫'的老弟兄,编辑方法也和'时漫'像姊妹刊一样。"刊期、开本均与《时代漫画》相同。1936年12月终刊。共出八期。

《时代漫画》和《漫画界》除了刊登政治漫画与世相漫画之外,多次发表有关鲁迅的漫画,值得作为历史的记忆收藏。

《时代漫画》创刊号刊影　　　　《漫画界》创刊号刊影

二

《时代漫画》第二十六期（1936年2月20日出版），有汪子美的《文坛风景》，画"鲁大夫"和"苦雨老人"，即鲁迅与周作人，一在普罗列塔，一去象牙之塔。画下有画家的短文：

骑驴过小桥，独叹梅花瘦；
欲穷千里目，更上一层塔。

话说左翼鲁大夫这一日登上"普罗列塔"的最尖端，眺瞰一下文坛情势。但见青山绿水，万千潇洒。有小鸟之啁啾，无矿夫之铲煤。只一些山野散人，田园骚客，闲云野鹤般，或高吟低哦，踯躅于丛林浅草之间；或拍手鼓掌，啸傲乎泉石溪流之边；也有"一寸二寸之鱼，三竿两竿之竹"，垂钓于江水之畔。好一幅默静的六朝山水图画！

鲁大夫不由感触一阵寂寞的悲哀，落下一声长叹。正感慨间，忽见远远走来一位骑驴老者，背肩雨伞，手捻疏须，吟声嘤嘤，蹄声得得，踏过那座"小布尔桥"，沿着羊肠小道而去。鲁大夫忖道：咦，唏，这不是吾家兄弟么，他一向总是这样清闲。此行必是往登那"象牙之塔"去的。这一路山行崎岖，而那座"象牙之塔"经年不修，受过狂风暴（雨）的冲击，已经摇摇欲颓，实有些危险。如欲登高临眺，何如来此塔上，四方动态，都能尽入眼帘，多少是好！想到这里，又连连咨叹不止。

那驴背上的老者你道是谁？原来正是苦雨斋中的苦雨老人。老人走驴看花，一路吟草咏柳而来，正路过这座"小布尔桥"，只顾低头吟着"骑驴过小桥，独叹梅花瘦"的句子，那里看见塔上有人叹息。过了桥，又听见老人苍哑的吟声，从微风中送来：

前世出家今在家，不将袍子换袈裟。
街头终日听谈鬼，窗下通年学画蛇。
老去无端玩骨董，闲来随分种胡麻。
旁人若问其中意，且到寒斋吃苦茶。

20世纪30年代，鲁迅与周作人已分道扬镳。他们对小品文的见解显示出很大的差别。鲁迅强调小品文"挣扎和战斗"的特色。在

文坛风景

民族危亡之际,"生存的小品文,必须是匕首,是投枪,能和读者一同杀出一条生存的血路的东西;但自然,它也能给人愉快和休息,然而这并不是'小摆设',更不是抚慰和麻痹,它给人的愉快和休息是休养,是劳作和战斗之前的准备"(《小品文的危机》)。周作人则强调文学须表现个人感受、生命意识,着重文学的形式美。他说:"别人离了象牙的塔走往十字街头,我却在十字街头造起塔来住","喝过两斤黄酒,望着马路吆喝几声,以出心中闷声,不高兴时便关上楼窗,临写自己的《九成宫》,多么自由而且写意"(《十字街头的塔》)。他认为"现在讲革命文学的,是拿了文学来达到他政治活动的一种工具,手段在宣传,目的在成功"(《文学的贵族性》)。

画中"普罗列塔"和"小布尔桥"都是画家虚构的形象。前者喻指普罗列塔利亚(英文 Proletariat 的音译),意为无产阶级。音译缩写"普罗"。后者喻指布尔乔亚(法文 bourgeoisie 的音译),意为资产阶级。小布尔乔亚,即小资产阶级。象牙之塔,常比喻脱离现实生活的文学家和艺术家的小天地。

文末引的一首诗,原是1934年1月周作人五十岁生日前作的两首打油诗之一。他将诗抄给了林语堂,林刊登在他主编的《人间世》杂志创刊号上,加了个《五秩自寿诗》的标题,并配以周作人的巨幅照片,同期还发表了沈尹默、刘半农、林语堂的唱和之作。以后两期又有和诗陆续登出,钱玄同、蔡元培以及胡适等都加入了和诗者的行列。左翼作家即指责周作人逃避现实,"自甘凉血""误尽苍生"。这时周氏兄弟已经互不往来十年有余了,但是鲁迅对他这个弟弟还是关注并有所理解的。1934年5月6日，他在致杨霁云的信中说："周作人之诗，其实是还藏些对于现状的不平的，但太隐晦，已为一般读者所不憭，加以吹擂太过，附和不完，致使大家觉得讨厌了。"

《文坛风景》主要表现周氏兄弟的分歧。说明文字中写两人的所见所思，则是漫画家的艺术畅想，当不得真的，"姑妄言之姑听之"而已。

三

1936年10月19日，鲁迅逝世。11月20日出版的《时代漫画》第三十二期上，发表了汪子美的《鲁迅奋斗画传》，创作速度之快与刊出篇幅之大都比较罕见。八幅画，占两个页码的版面，题目分别是：《"五四"运动时期》《〈语丝〉时期》《阿Q时期》《打"哈巴狗"时期》《转变时期》《扫除文坛时期》《统一战线时期》《追踪高尔基而去》。

"五四"前夜，1918年鲁迅在《新青年》发表第一篇小说《狂人日记》，借小说中主人公之口对几千年来中国吃人的宗法制度和旧礼教做出愤怒的控诉。这也是他第一次用"鲁迅"署名。1921年的《阿Q正传》创造了阿Q这一具有广泛概括意义的典型形象。鲁迅以幽默的笔调写深刻的反思，画出一个现代的我们国人的魂灵。"五四"之后，《语丝》在中国新文学进程上是一方纪念碑，刊物以发表社会杂感为主，"任意而谈，无所顾忌，要催促新的产生，对

"五四"运动时期 　　　　　　　《语丝》时期

阿Q时期 　　　　　　　　　　打"哈巴狗"时期

鲁迅奋斗画传

转变时期 　　　　　　　　　扫除文坛时期

统一战线时期 　　　　　　　追踪高尔基而去

鲁迅奋斗画传

于有害于新的旧物,则竭力加以排击"(鲁迅:《我和〈语丝〉的始终》)。鲁迅与新月社、创造社、太阳社、"第三种人"的论战,常是在夹攻中斗争。他从列名为中国自由运动大同盟的发起人,开始直接投身于共产党领导的政治斗争,继而支持建立中国左翼作家联盟,被拥戴为"左联"的旗帜。"九一八"事变之后,鲁迅赞成组织文艺家抗日统一战线的团体。1936年6月高尔基辞世,四个月后鲁迅病逝。世界文坛双星陨落。

八十年前,汪子美能以八幅画面浓缩鲁迅奋斗的一生,确属不易。漫画家运用比喻、夸张等艺术手法构思经营,虽然有的喻指(如《〈语丝〉时期》)未必准确,有的描绘(如《追踪高尔基而去》)未必妥帖,但态度是严肃真诚的。出版家汪稼明说,漫画在表现大事件之外,"更多的是对社会风气的讽刺和平凡生活中的幽默,还有既不讽刺也不怎么幽默的抒情和写实"(《我们的选择》)。《鲁迅奋斗画传》应是偏重于"抒情和写实"的作品,在"抒情和写实"的笔端之间显示了汪子美漫画的浪漫和奇诡。

时间比《时代漫画》稍早几天,即1936年11月15日,鲁迅逝世之后出版的《上海漫画》第七期,封面是汪子美的《鲁迅与高尔基》,内页"本刊封面说明"是画家撰写的高尔基与鲁迅的对话:

高尔基:辛苦下我刚割完了收获来的,你怎么还带着铁锤来了?那件工程如何?

鲁　迅:唉!连基础还没有打好呢!你不知道在我们那里做这个建筑多么困难!我们的青年工匠是勇敢前进的,但是仍旧有

鲁迅与高尔基　　　　　　　鲁迅出殡阵容图　　　　　　石锋

一群喝苦茶嗑瓜子、玩苍蝇弄花（画）眉的人，游魂一样的缠绕着大众的足趾，使他们迷离彷惶，难以迅速前进。我呐喊了这许多年，竟就此声嘶力尽了。

画面是挥汗劳作之后赤膊的鲁迅和高尔基的形象，侧重于描绘创建新文化的艰辛。"喝苦茶嗑瓜子、玩苍蝇弄花（画）眉"的一群人，指"论语派"诸公，但是真正的敌人应是侵略者和反动派了。

这一期的《上海漫画》，还刊登了石锋的《鲁迅出殡阵容图》，突出出殡队伍的强大声势，表现了漫画家鲜明的政治倾向。

鲁迅在《漫谈"漫画"》中说："漫画的第一件紧要事是诚实，要确切的显示了事件或人物的姿态，也就是精神。""漫画要使人一目了然，所以那最普通的方法是'夸张'，但又不是胡闹。无缘无

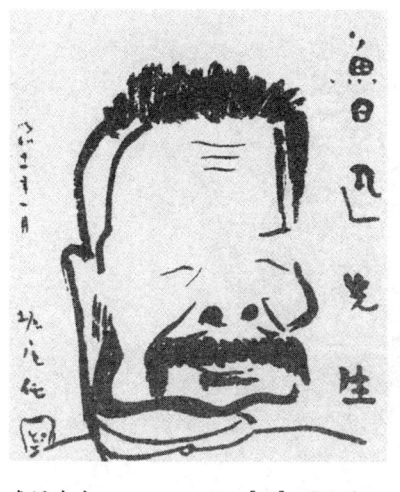

鲁迅先生　　　　［日］堀尾纯一　　鲁迅北平演讲速写

故的将所攻击或暴露的对象画作一头驴，恰如拍马家将所拍的对象做成一个神一样，是毫没有效果的，假如那对象其实并无驴气息或神气息。然而如果真有些驴气息，那就糟了，从此之后，越看越像，比读一本做得很厚的传记还明白。"唯真实才有力量。

四

漫画要"漫"，讽刺性和幽默感决定漫画常靠形象改变与细节放大突出"漫"味。鲁迅生前，日本画家堀尾纯一为他画的漫画像、《现代》杂志刊载的鲁迅北平演讲的速写，均夸张变形，简洁省略，人们并没有认为不适，反而称道其一反流俗，极富神韵。1937年1月出版的《热风》，仅出两期就被查封，创刊号和终刊号都是用堀尾纯

鲁迅先生对死之鄙视　　　　　　　　鲁少飞

一的鲁迅像作为封面。

《漫画界》第八期（1936年12月5日出版）上鲁少飞的《鲁迅先生对死之鄙视》，也是为悼念鲁迅逝世而作。画面上鲁迅脚旁一捆图书、一把雨伞，似要远行。身后是一架骷髅，一副棺材，透出死亡的肃杀，但他严峻冷漠，不屑一顾。鲁迅写"死"的文章有《死火》《死后》等篇，最有名的就是《死》，文章写后一个半月鲁迅就逝世了。文中说："欧洲人临死时，往往有一种仪式，是请别人宽恕，自己也宽恕了别人。我的怨敌可谓多矣，倘有新式的人问起我来，怎么回答呢？我想了一想，决定的是：让他们怨恨去，我也一个都不宽恕。"这段文字的含义在漫画家笔下得到形象的表达。

《时代漫画》《漫画界》以及《上海漫画》的编者和作者张光宇、鲁少飞、汪子美等都是中间派的漫画家，并非左翼。但他们反对帝国主义侵略，批判社会的黑暗，与鲁迅心曲相通。他们尊重鲁迅，却不迷信。与鲁迅同时代的作家曹聚仁说："我是认识鲁迅的，有人问我对他的印象如何？我说：'要我把他想象为伟大的神，似乎是不可能的。'"（《鲁迅评传》）

五

1937年鲁迅逝世一周年，毛泽东在延安陕北公学的纪念大会上讲话，尊鲁迅为"现代中国的圣人"。1940年，毛泽东在《新民主主义论》中称鲁迅是"文化新军的最伟大和最英勇的旗手"，"中国文化革命的主将"，"不但是伟大的文学家，而且是伟大的思想家和伟大的革命家"，"在文化战线上，代表全民族的大多数，向着敌人冲锋陷阵的最正确、最勇敢、最坚决、最忠实、最热忱的空前的民族英雄"，"鲁迅的方向，就是中华民族新文化的方向"，确定了鲁迅空前的政治和文化地位。1949年后，为适应政治形势的需要，鲁迅的形象被不断改写和塑造。文化大革命时期登峰造极，鲁迅不仅被戴上"亚圣"的冠冕，也被赋予"棍子"的使命。

如果是在"圣化"和"神化"鲁迅的年月，汪子美、鲁少飞关于鲁迅的漫画一定会被贴上"丑化"的标签，受到严厉的惩罚。

《论语》上《京话》作者的性别

一

《上海漫画》1936年第五期《新八仙过海图》中的"新八仙"是周作人、林语堂、老舍、简又文(大华烈士)、姚颖、郁达夫、俞平伯、丰子恺。

"新八仙"又称"论语八仙",所指何人,当时还有几种版本:

第一种:周作人、林语堂、老舍、大华烈士、姚颖、老向(王焕斗,字向辰)、海戈、何容(老谈)。

第二种:周作人、林语堂、老舍、大华烈士、姚颖、老向、海戈、陶亢德。

第三种:周作人、林语堂、老舍、大华烈士、姚颖、老向、何容、黄嘉音。

老向、老谈、海戈、陶亢德、黄嘉音都是《论语》的重要撰稿者,进入"八仙"自有理由。

我們辦論語與政府尊孔似有同樣意義

論語二週年紀念

姚穎 二三八七

姚穎

荣列四种版本其上且为"八仙"中唯一女性的是姚颖。

二

《论语》于1932年创刊不久,一个名曰《京话》的专栏与读者见面。京,指南京,当时的国府所在。文章常取通信形式,专写首都的政坛花絮、官场内幕、名人逸事,文字老到,思想清丽。《京话》在某种程度上成为了解民国政治运作的极好的窗口,风靡一时。作者姚颖。

1936年9月,《京话》由人间书屋出版,分"专篇"(二十七篇)、"京话"(二十六篇)、"随笔"(一百五十则)和"杂俎"(短评十二则,诗一首)四类。但归类又较随意,《夏日的南京》在《论语》刊出时曾标为"代京话",收入书中则归入"专篇"。林语堂在《序》中赞誉有加:"《京话》之难写,难于上青天,《京话》,地方通信之一种也,地方通信写成文学在中国尚少见,居南京写通信尤难于一切。""独姚颖女士之《京话》,涉笔成趣,散淡自然,犹如岭上烟霞:谓其有意,则云本无心,谓其无意,又何其燕婉多姿耶!"(《关于〈京话〉》)

谢兴尧《回忆〈逸经〉与〈逸文〉》中引一庵《读〈论语〉忆姚颖》文:"凡读过她描写南京新官场现形记——《京话》的,一定感到她是个风流不羁滑稽突梯的人,不然,她怎能写出尖酸刻毒、嬉笑怒骂的文章来。诚然,当时颇有一部分官僚政客,甚至于政府当局,被她笔下捉弄、调侃得哭笑不得,难怪乎《京话》刊布,竟万人

《京话》书影　　　　　　　　《京话》序

争诵。""写各地通讯文章,运笔犀利,刻画入微,而讽刺酸刻者,除姚颖外,无与伦比,是为林语堂叹为唯一的杰出人才。"《论语》二周年纪念时,编者"将其芳影刊出,附有娟秀签名照片,玉立亭亭,颇觉幽娴文雅,爱好其文笔者,睹此殊可一饱眼福也"。

三

海戈说,《京话》的作者并非姚颖,实际是姚颖的丈夫王漱芳。

海戈(1900—1965),原名张海平,留美回国的铁路工程师,几十年与《论语》相始终的"铁杆"作者。1947年,他在《论语》上连载《批注必传堂诗词选粹》,第一百三十四期《论语》有《悼漱芳》一首:

假名闺阁写文章，月旦权威意味长。
板鸭遥临留肥美，成贤偶访慨沧桑；
登书始识庐山面，寄信蒙邀陇省航。
噩耗忽传惊堕马，空余京话蠹鱼粮！

海戈为自己的诗词所作的注释即是本事的说明，详细道出《京话》作者的真相："王漱芳先生，贵州人，抗战前在南京市政府任秘书长，权位当道，对于朝中大小事故，知之甚清，大致许多情由，看不入眼，骨鲠在喉，要吐才快！但因自己亦是显贵，牵制甚多，不能随便发表，于是假其太太姚颖的名字，用《京话》作书题，长期为《论语》写稿。《论语》二十期（或二十一期）（实为第四十九期，1934年9月16日出版。引者）集诸常写文稿的朋友的像片制版出特刊，姚颖与焉。众'同志'中，忽有一女性，貌清癯秀美，而文字老辣，不同其'像'。我与语堂私议，认为颇有问题。某次，语堂因事晋京，顺道专访，托代我致意。得识秘密，归沪为之拊掌。"嗣后，海戈与友人合编《谈风》，写信问王漱芳要稿，彼此遂信札频繁。某月，王漱芳托来沪友人带来南京板鸭四只，海戈与林语堂各二。海戈说："首都名产，此为首次尝得。"1937年抗战军兴，8月底海戈离沪返川，从沪西上火车，东行一日一夜方达南京。"翌日，遂去成贤街五十号访漱芳。其时，南京已被大轰炸二次，国民政府已迁汉转渝，一片凄惨荒凉气象，令人欲泪。成贤街为高级官吏住宅区，住户均逃避一空。五十号左右数家大门第，阒焉无人。曾入一宅，直

122

至堂屋,均无声响。"1939年,海戈在重庆才和王漱芳第一次见面。"其时语堂在美,寄书托向内政部登记翻译权,书即《瞬息京华》。此事,在当时尚系创举,内政部的出版法无此条例,遍询友人,均云不知。闻漱芳在党政考核委员会作高级职员,遂持书去会,托其转询内部,数年通讯,至此始相识,畅谈二小时,犹不忍别。其人颇高大,二目炯炯有神,性爽直,亦随便,无官架子。"1940年9月初,海戈返回故乡。不久,即在报上看到谷正纲负责甘肃政务,王漱芳任秘书长的消息。他还写信约海戈去甘肃省一游,海戈因家事羁縻未能成行。王去甘肃约一年,转任省民政厅长。接之而来的则是:"闻其因公出巡,于某处堕马伤骨,旋即逝世。死时,似犹未满四十。姚颖女士时尚抱病南泉,家计艰难,洵惨事也!"

1948年12月,海戈在《论语》第一百六十六期有《两年与〈论语〉》发表,又说到当年对"姚颖是男是女,编者也有疑问"。因此,"林语堂曾为破这疑团,亲赴南京一行,回来告诉我说:'果然是男的,叫王漱芳,姚颖是他太太的名字'云云"。

四

陈玉堂《中国近现代人物名号大辞典》记:王漱芳(1900,一作1901—1943),贵州人。字艺圃,笔名姚颖。早年先后就学于武昌商科大学、东南大学商学院。1924年加入国民党。1926年任北伐军东路军和第一路总指挥部主任秘书。1932年后,历任南京市政府秘书长,国民党中央委员,贵州省党部主任委员、军政委会战地党政工作委员会党务组组长，甘肃省政府秘书长、民政厅长。后坠马而死。夫人姚颖，王漱芳曾借作笔名。

上海书店出版社2000年出版了选编《京话》，其《出版说明》说："《京话》是一部以30年代南京官场百态和社会世相为题材的纪实性杂俎，署名姚颖，实为王漱芳著。"

认定王漱芳为《京话》作者，学界意见并不一致。

俞王毛的《〈京话〉作者姚颖身份考辨》，认为王漱芳为《京话》作者，并做如下分析：就王漱芳的性格而言，"王漱芳属于积极进取型的人，参加过北伐，三十多岁即当选为国民党中委。按照刘健群（王的友人）的说法，王漱芳性格爽直，为人热心，风趣善谈，人品学识都很好。姚颖则脾气特别，而且抽大烟。""王漱芳更有可能写出以政治为背景、婉而多讽的《京话》"。再就《京话》的内容和风格来看，"《京话》更像男作家所写。《京话》多涉时政，文笔老练，有阳刚之美，不像出自女性之手"。王漱芳化名著文的原因，作者说："王漱芳本质上应该是一位自由主义知识分子，而不是体制化了的国民党高官。从知识分子的立场出发，他对国民党的许多政策常持批评态度，然而在现实生活中，由于'自己亦是显宦，牵制甚多'，他不得不将自己的真实想法隐藏起来，违心地做着官样文章。因此，他才需要以笔名为掩护，以'隐身'的方式表达意见，'向权势说真话'。至于他为什么要'假名闺阁写文章'，而不另取笔名，大约是因为文中常有涉及自身之处，以姚颖为叙述者比较方便。"

余斌的《姚颖与〈京话〉》，则是对《京话》出自女性姚颖之手，表示疑惑：一是文字风格。大略说来，女作家多是清词丽句、婉

何容

黄嘉音

老向

简又文

海戈

《论语》撰稿者

约灵慧一路。"姚颖的文字却不见妩媚之气，而入于'老到'一途。语气'老'，文字也'老'，时杂文言，有时通篇就是浅近文言，时喜掉掉书袋，写来又极老练。'老到'是很多男作家喜欢的为文境界，似乎没有什么女作家刻意'老到'的。"同时，"'老到'也包含几分玩世不恭的味道，或曰名士气。'名士气'这个词通常是与男性文人联在一起"。二是议论和取材。"若将写作的才华粗粗分为议论、抒情、叙事，女作家的所长大抵首先是抒情，其次是叙事，最后才是议论。所以'一到辩论之文，尤易看出特别'（鲁迅语）。"《京话》夹叙夹议，叙是为了议。"议论多有反语，皮里阳秋，指桑骂槐，时见精彩，绝无一般女作者议论软弱无力、不能击中要害的毛病。"再者，一般女作家的议论多为家庭婚姻、饮食男女等私人话题，而姚颖所议的是公共话题，是社会政治，而时政向来被目为男性的话语空间。"姚颖作为一个女作家，话题几被政治笼罩，全不及于个人生活——京城的吹牛拍马之风，国货运动周的宣传，党国要人的谠论，检查委员的提案，市政建设，大官升迁……——不能不说是一个例外。"

　　黄恽主张《京话》的作者是姚颖本人。他在《京话：姚颖还是王漱芳》中说，如果单纯分析文本的话，署名姚颖的这些《京话》，很明显存在着很多女性的笔触。《论语》中的《也是斋随笔》专栏，作者"如愚"就是王漱芳的笔名。对比一下《京话》和《也是斋随笔》，"不难看出，姚颖是货真价实的《京话》的作者（不排除有一些出自王的手笔或经过王的润色与改动），而王漱芳自有《也是斋随笔》的写作"。

陈学勇在《姚颖的杂文与性别》中也说《京话》为姚颖所作："姚颖的文字固然脱尽脂粉气，若认真咀嚼，女性语言的蛛丝是时有流露的，她的《〈京话〉自序》，头一二段就不那么男性。"但又说："或许全部署名姚颖的杂感，个别篇什出自王漱芳手笔，并非决无可能，到底在一个屋里吃饭睡觉。"

20世纪60年代在美国的林语堂有《姚颖女士说大暑养生》一文。他说："这两天因为溽暑逼人，想到姚颖女士的《大暑养生》妙文，又因重读这篇旧文章，怀想这位才女。"他称赞姚颖是"能写出幽默文章谈言微中的一人。""姚颖女士是王漱芳的太太，大概是国内某大学毕业，我只见过一面，也是婉约贞静一派，不多言。王漱芳记得是贵州人，那时当南京市政府或某机关的秘书，所以《京话》内容很丰富"。这里我们如果联系《京话》作者的归属，似可以推出如下判断：《京话》作者主要是王漱芳，书中也有才女姚颖的妙文。

五

署名"姚颖"的作品主要刊载于《论语》《人间世》和《宇宙风》等"论语派"的刊物，时间在1937年全面抗战爆发之前。

1936年6月《广播周报》（中央广播事业管理处出版）第九十一期，有姚颖的《怎样做一个新主妇》，文前配发了姚的小照。因有照片比对，且是实际播讲，再就内容考虑，当是姚颖手笔。

文选杂志《好文章》，1937年第六期刊出署名"姚颖"的小词

（诗）："风雨沉沉的夜里，／前面一片荒郊，／走尽荒郊，便是人道。／呀，黑暗的前途万千，／叫我怎样走好！／上帝！快给我些光明吧，／让我好向前跑！／上帝谎（慌）着说：光明！？／我没处给你找！／你要光明你自己去造。"录寄者徐缙在诗后有一段附识："上面一首姚之小诗，予得之于其夫之妹处。姚为武进奔牛人，今年二十六岁，其夫王漱芳，现任南京市府秘书长。姚在民国十八年，曾肄业金陵大学，上诗即其在校时所作也。姚为文颇老练，不类女人所作，在《论语》和《宇宙风》中，读者可时见其作品。"这首诗不是姚颖的作品，而是朱自清1919年的诗作，题为《光明》。录寄的诗中还有抄错的地方，如"便是人道"，原诗为"便是人们的道"，"黑暗的前途万千"，原诗为"黑暗里歧路万千"。

1943年第二期《甘肃妇女》（1月1日出版）上有姚颖的《甘肃目前之妇女问题》，这样的论文就可能是王漱芳"假名闺阁"的文章。

检索网络，1941年至1943年间还有几篇署名"姚颖"的长文短章，散见于《西风副刊》《永安月刊》《旅行杂志》等刊物。今日已很难查考这位"姚颖"是何方神圣了。

《刁斗》与赵少侯等山大教授

一

1934年1月1日在青岛创刊的《刁斗》,十六开本,刁斗文艺社编辑发行。刁斗文艺社是山东大学文学系三年级学生1933年冬组成的社团。

《发刊词》这样叙说刊物的缘起:

> 缕缕的丝,将人们和社会连系在一起。
>
> 大多数的人们都有一颗灵通易感的心,和一团炽热的情感底火焰。
>
> 转动一下头,看看周遭的一切,我们便得到种种异样的感触。这感触像是烙印,深深地镌在我们的心田上;它也像是一颗刺,重重地戳刺着我们的感官。等到这些感触在内心里堆得涨满了的时候,我们总想一吐为快,不管是藉着说话,或是藉着纸笔。

——我们的《刁斗》，便是在这种情形下产生的。

内心底表现，便是我们刊印这个刊物的终极的旨趣，此外，真是不好意思地再说什么。像那"打破文坛上沉寂的空气"一类的话，是说烂了的口头禅，也只是自己替自己吹嘘的法宝。

忠实于人生，忠实于艺术，是我们写东西时所持的态度；换句话说，就是我们不以成见来看东西，也不以偏见来诠释那掇拾了来的人生现象。这是因为"人生"是异常庞杂的东西，它有阴影，它却也有光明面，只要不是有意地戴起有色眼镜来的人，是大不必粉饰现实，或扭曲现实罢？

我们的能力虽薄弱，但对于这个刊物，却都持着一种献身底精神。在垦殖这块园地的时候，我们每个人都是园丁，在那里播种也好，除莠也好，扒土也好……总之，没有一个人是在袖手呆望着的。

——如果尽一份力量，就可收一份效果，那么从这个小小的胚胎里，说不定会茁出奇花异卉来。

《刁斗》原标为季刊，但刊期不定，第一卷第二期5月1日出版，第三期出版时间延迟到11月1日，第四期却又提前于12月15日出版。1935年4月1日终刊。共出两卷五期，第一卷一至四期，第二卷一期。

二

《刁斗》主要刊载文学创作、评论和翻译作品。

《刁斗》创刊号刊影　　　《刁斗》创刊号版权页

第一卷第一期柳辑吾的《横死》，主人公老八是上过几天学堂的农民，曾为乡亲们免受兵匪糟蹋尽力，最后却横死于愚昧乡亲组织的红枪会的枪口。剑白的《公寓里》，一个记账的佣工、一个厨房烧开水的伙计，都对索要车费的车夫缺少同情，但他们也难逃失业的结局。木的《淅沥》，车夫在雨中上街拉车，希望妻儿有口饭吃。他遭受饥饿、疲劳和警察追打，倒在地上再也没有起来。社会底层和市井人物进入了小说作者的书写视野。编者在《编后》中指出："《横死》《淅沥》和《公寓里》是现社会中三种不同的角落里的速写，是值得注意的几种社会问题。"《少年伟纶》和《倦鸟》描绘青年人爱情与婚姻的纠结与痛苦，表现了婚恋的复杂性。

朱宝琛、李世昌、宋默庵、鲁方明、李子骏等人的诗作，抒写青春情怀，感叹"生命片片飞去"，坚信希望"是支撑现实的铜柱，

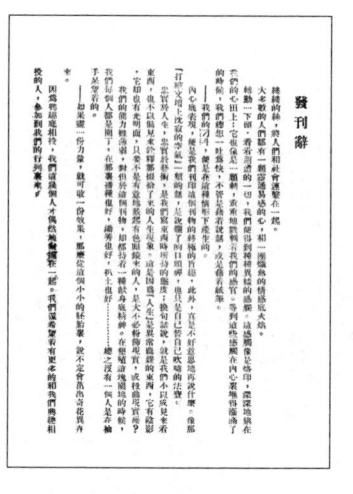

《刁斗》发刊词　　　　　　　　《刁斗》第二卷第一期刊影

烧毁残骸的火焰"。第二卷第一期有刘白羽的《老人》和《平汉道上》。日寇入侵，狼烟四起，人们背井离乡。老人"流浪，流浪……／从这个天涯到那个天涯"。他的家，"在山根还是在滔滔的黄河边呢"？年轻的诗人也记录下自己奔波的步履："当我梦残的时候，／邯郸枕上的落花全成了泪珠了，／掷下车窗外片片的绿影，／那也不是娘子关前的山景／一抹微云追着天上的风。"这时的刘白羽不足二十岁，北平中国大学中文系的学生。

三

山东大学教授的著译，为《刁斗》的一个重要内容。
1930年9月国立青岛大学诞生，1932年7月改名为国立山东大学，

1937年因战事迁出青岛。八年时间，杨振声、赵太侔、梁实秋、闻一多、洪深、老舍、沈从文、赵少侯、宋春舫、游国恩、方令孺、孙大雨、台静农等一批文人大家，在这里展开了丰富多彩的教学、研究与创作活动，鼓起了海浪天风。

梁实秋（1903—1987）1930年到青大任外文系主任兼图书馆馆长，1934年离开，跨青大与山大两个时期。他在鱼山路七号寓所着手莎士比亚全集的翻译，重启莎学的东方之门。译文《阿迪生论幽默》发表在《刁斗》第一卷第二期。

老舍（1899—1966）1934年6月从济南齐鲁大学到青岛山大国文系任教，教授"小说作法""欧洲文学概论""文艺批评"等课程。

《刁斗》第一卷第四期老舍的《我的创作经验》，是一篇讲演稿。老舍说："假若我要有别的可说，我一定不说这个题目。"但是，"不管好坏，经验是我自己的，我要不说，别人就不知道；这或者也许有点趣味"。"格外的自谦是用不着的，可是板着脸吹腾自己也怪难以为情。"他坦言："到了英国，我就拼命的念小说，拿它做学习英文的课本。念了一阵，我的手痒痒了……想起过去几年的生活经验，为什么不写写呢？"他介绍了已出版的长篇和短篇的写作过程和体会。"我写的不多，也不好，可是力气卖的不少"，"玩意是假的，力气是真的"。讲演文稿后收入他的创作经验集《老牛破车》。

老舍在青岛有多次讲演，大都与文艺有关。1934年10月3日，老舍应邀在山大作《诗与散文》的讲演。10月8日，在青岛市立中学讲演《我的创作经验》。1935年11月8日，又有《一点新经验》的讲演。

1936年1月20日，在山大讲演《文艺中的典型人物》。老舍既有创作实践又有理论，幽默风趣，一口"京腔"，讲演深受欢迎，经常是座无虚席。初到山大的一次讲演，据报道，当时全校各系学生共有五六百人，听讲演的竟占了半数之多。

第二卷第一期《刁斗》有老舍的书评《读巴金的〈电〉》，充分肯定了《电》的价值，也指出了不足。

1936年夏，老舍辞去山大教职，专事写作，直至1937年抗战爆发离开。青岛三年是老舍的黄金时代，文学创作活动蔚然大观，就体裁之多样、主题之深刻与品质之纯粹而言均属空前绝后。

赵少侯（1899—1978）是《刁斗》上常见的名字。第一卷第二、三、四期的《刁斗》，刊有他翻译的评论《法郎士的真面目》《罗曼·罗兰评传》《法郎士论法国古代民歌》，以及法郎士的小说《巴格节的红鸡蛋》。

赵少侯，满族，原名赵祖欣，字少侯。浙江杭州人。1919年毕业于北京大学法文系，曾在北平大学、中法大学任教。国立青岛大学成立的第二年，赵少侯应聘为外文系讲师，直到1937年春。他也是几乎贯穿从青大到山大全程的人物。

赵少侯有很深的法语造诣，开设的法文课很受欢迎，甚至老舍也忍不住要跟着学，而且还要按时交作业。他的译作有《伪君子》《恨世者》《悭吝人》《羊脂球》《项链》《山大王》《海的沉默》《魔鬼的美》《最后一课》等，以莫泊桑、法郎士、都德等的中短篇小说居多。法国腊皮虚《迷眼的沙子》的译文，《新月》的广告这样介绍："赵少侯先生特意把这个伟大作家的不朽剧本，用极流利的文字译了出来。读了之后，包管你在这疮痍满目、忧愤填胸的时候，不由的喜笑颜开了。"

第一卷第一期《曾仲鸣著法国的浪漫主义》是赵少侯的书评。编者称赞赵于法国文学有精深的研究，"对书的错误纠正的非常详切"（《编后》）。

赵少侯的诗作结集为《马首集》。《刁斗》第一卷第四期有他的《〈马首集〉序》，幽默调侃，别有意趣。文中说，"诗的技巧和作风，多少还带点旧诗的影响。这也是无可如何的事，因为彼时以白话作诗还是属于尝试的范围。第二首《大风》、第三首《今晚》是我尽脱旧诗束缚的处女作，现在重读，仍颇新颖可喜"，"后来的十六篇诗常常表示出，我所读的外国诗人的痕迹"，"《当我记起了你》无疑地是得力于魏尔伦的《无题词》，《别后》的格调很有徽特曼的神韵，《自责》则简直是歌德《浮斯特》的气魄了"，最后两篇"是整天整夜熟读麻拉尔美，致力于象征派诗句时候的作品"。篇末文字则让读者忍俊不禁：

> 自古以来，诗人大都瘦弱非凡，也不知是先天的关系呢，还是后天的锻炼。总之诗人宜瘦，是不得变易的一个定律。我却因此吃了一个哑巴亏，因为我总也巴结不到"诗人"的头衔。我虽生于南方山明水秀之乡，老天却赐了我一具齐鲁彪形大汉的体格。虽然故意三天两头的不洗脸，整年的不剃头，让头发长得披到肩上像顶黑的风帽，鞋袜衫裤永远取自于旧货店。流鼻涕不敢用手帕揩，永远借用袖口，纸烟不敢吸，学着用烟斗，吸一口烟

吐三口清水,眼镜子永远架在鼻尖,虽然不舒服,也不敢上移到鼻梁,然而……然而看见我的人,从没疑心过我是诗人,并且很少有人注意过我,警士当然除外。因为警士是常常要注意到我的,他们总疑心我是从俄国或法国被逐来的华工。

抒情释怀,翻译家挥洒的是另一套笔墨。

赵少侯还和老舍合作写过一部长篇书信体小说《天书代存》(即《牛天赐续传》),可惜未能完成。老舍在《〈天书代存〉序》中说:"《牛天赐传》在《论语》上刊登完。我很愿意写……可是,我抽不出工夫来写。"后来,赵少侯出了个主意,他说:"把你我所存的信都放在一处,然后按着年月的先后与信里的事实排列一番,就这么原封发表,既省得咱们动笔,又是一部很好的材料。"两人写好了的文字,在1937年1月18日至3月29日的《北京晨报》副刊《文艺》上连载,但未刊完。中辍的原因,老舍说:"这个暑假里,我俩的事情大概要有些变动,说不定也许不能再在一块儿了。合写一个长篇不能常常见面商议就未免太困难了,所以我俩打了退堂鼓,虽然每人已经写了几千字。事实所迫,我们俩只好向牛天赐与喜爱他的人们道歉了!以后也许由我,也许由少侯兄,单独去写;不过这是后话,最好不提了。"(《我怎样写〈牛天赐传〉》)

赵少侯嗜酒。青岛大学有"酒中八仙",梁实秋在《酒中八仙——忆青岛旧游》中写道:"民国十九年至二十三年间我的一些朋友,在青岛大学共事的时候,在一起宴饮作乐,酒酣耳热,一时忘形,乃比附前贤,戏以八仙自况。""这一群酒徒的成员并不固定,四年之中也有变化。""此后二年，校中虽然平安无事，宴饮之风为之少杀。偶然一聚的时候有新的分子参加，如赵铭新、赵少侯、邓初等。""九一八"事变后，杨振声、闻一多相继离去，人员星散。理学院院长兼数学系主任黄际遇教授为"八仙"之一。在他1932年至1936年的《万年山中日记》中，经常有"晚赵少侯招实秋与余二人小饮可可斋""晚招少侯共盏"等你来我往、把酒论文的记载。万年山，今青岛山。《万年山中日记》小序说明："万年山者，国立山东大学旧国立青岛大学所在也。"

《刁斗》第一卷第四期有周学普译歌德的《牢狱》，系摘译《浮士德》中之一景。第二卷第一期列宁的《作为俄国革命之镜的托尔斯泰》，也是周译。周学普（1900—1983），号岚海，浙江嵊州人。早年毕业于日本京都帝国大学德国语言文学专业。1934年至1937年任教山东大学。1936年冬译出《歌德对话录》，次年由商务印书馆出版。1946年应许寿裳之邀到台湾，任台湾省编译馆编纂。1947年转台湾大学任德语教授至退休，时间长达二十六年。译作有歌德名著《浮士德》《少年维特的烦恼》《爱力》等十多部。通行的《野玫瑰》（歌德诗，舒伯特曲）的汉语译词即出自周学普的手笔。台湾电影《海角七号》以《野玫瑰》作为串起整个故事的媒介，旧曲重温，让人怀念这位几近消失的翻译家。

四

《刁斗》停刊之后的当年7月，借避暑的机缘，老舍、王统照、洪深、赵少侯、孟超、吴伯箫、臧克家、王余杞、王亚平、杜宇、李同愈、刘西蒙十二人，曾在《青岛民报》上办了一个文艺副刊《避暑录话》。说是依托《青岛民报》，实则是独立编排、装订、发售。7月14日创刊，9月15日终刊，历时两月，每周一期，共出十期。内容偏重于文学创作，刊载散文、诗歌、游记、故事、杂文、戏评、翻译、自传性小说等近八十篇，风格闲适，很少文学理论、思潮的著述或译介。

诗人臧克家在他晚年的回忆录中记当年文友聚餐：一边推杯换盏，一边讨论文稿。赵少侯先生酒量最大，家中酒罐子一个又一个。老舍先生也能喝几杯，他酒量不大，但划起拳来却感情充沛，声如洪钟。（《〈避暑录话〉与〈星河〉》）

《小说》半月刊与荒煤和丽尼

一

1934年5月,《小说》在上海创刊。第一、二期为月刊,第三期起改为半月刊,1935年3月终刊,共出十九期。

主编梁得所在《创刊旨趣》中说:

大众文艺被讨论了不少日子,实施的出品至今还很缺乏。其中一个原因是文艺大众化的具体条件未尽明了,有待继续研究。可是文艺本身目的不是研究而是欣赏,在有胃口而缺乏适合食品的大众的面前,摆一张菜单不如摆一碟点心。现在这本文艺刊物,就扔下菜单式的论著,端出点心式的作品,献给凡在实生活之外需要文艺调节的读者们。

本刊不是为研究而办,但实施原是最大的研究,由此可以寻求例证,继续发现大众文艺的原则。

编者认为，大众文艺要具备的起码条件是三个："一、注重内容——文章必须言之有物，小说必须有故事内容。""写小说不难，难在内容的构思。一篇小说读后可以复述，或更可以在剧台银幕演出，便是有内容的作品。""二、文字不务玄奥——文字和说话一般是达意的工具，写作无需过分的做作。""小说便是一个叙述得法的好故事。""文艺自然要有技巧，但有字句技巧未必就成文艺。尤其是大众文艺，切忌文词堆砌损害内容的真朴。""三、命意自由而康健——宇宙广大，人世纷纭，处处都有文章，事事都成小说。"文艺不受方式所束缚，作者意识也随性格见解而不同。但"如有人无病呻吟赞扬自杀，便是腐气喷出来有碍公众卫生。我们思想要自由，而不出健康范围之外。"编者说，这三条"也就是本刊用以自期的方针。"

这里说的"大众文艺"的"大众"，指的是新一代都市青年读者。编者无非渲染出一种"大众"的色彩。

《小说》月刊面世之后，茅盾（署名"惕若"）即有题为《小市民文艺读物的歧路》的评论（《文学》第三卷第二号），并不认同《小说》的编辑宗旨："梁先生对于'大众'一语的解释，也与普通所谓'大众'不同；梁先生所谓'大众'，好像就是一般所谓'小市民'。"

茅盾认为刊物所载的是给小市民们吃的"点心"。小市民吃"点心"不一定是为了充饥，大半倒是为的"消闲"。这"点心"就有"消闲"的性质：

《小说》第一期刊影　　　　　梁得所

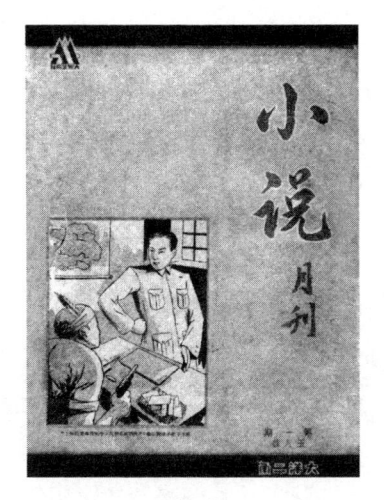

专给小市民吃的点心，只要有益卫生，在目今也是非常需要。但我们以为无论如何不可端出消闲品，——即使这些消闲品吃下去不至于立即生病。小市民是最善于"醉生梦死"度日子的人们，而中国的小市民尤甚。给他们一些甜甜的小点心吃，实在是太顺了他们的脾胃了。我们应当给他们一些刺激。我们给他们的点心不能不加点辣椒！

二

创刊号有袁牧之的小说《名师和高徒》。袁牧之（1909—1978），原名袁家莱，浙江宁波人。黄苗子回忆："牧之中等身材，长圆脸,下巴略尖,双目富于表情,那时是电通公司的主要演员,自编自演的《桃李劫》是他成名之作。他那时爱花钱,电通的薪金不够他用,就连夜赶写短篇小说之类在报刊上换钱。包天笑先生的儿子包可华,跟牧之很熟,那时可华在提篮桥大众出版社编《小说》半月刊,就常常发表袁牧之的作品。"(《世说新篇》)袁牧之青春年少,才华横溢,艺术与爱情是他小说的主要题材。茅盾主张给"小点心"加点"辣椒",但对《名师和高徒》却颇为欣赏,肯定它是一篇难得的作品,"暴露了社会上所谓'艺术大师'的黑幕,嘻笑唾哭,兼而有之"(《小市民文艺读物的歧路》)。

长篇连载小说《凤》是新式的"才子佳人小说"。作者予且(1902—1990),原名潘序祖,安徽泾县人。从20世纪20年代开始的市民小说创作,这时正值创作高峰。予且的小说主要表现都市中小有产阶层的男女婚恋和家庭伦理,故事生动有趣,语言自然流畅,在新旧文学互动的背景之下,呈现新旧文学相互汇融的特殊形态,很受读者欢迎。论者称:予且早期的小说,"属于'海派'小说中'轻文学'的一支,没有太多的'灯红酒绿'的感性刺激,也没有太绝望的情绪、太紧张的节奏,而始终在一种较为明快轻松的调子中演出些琐屑而又有较浓人情味的轻喜剧"(徐迺翔、黄万华:《中国抗战时期沦陷区文学史》)。《凤》即是一例。

编者说:"本刊有的是小说,却也有'并非小说'。那是实事,有报纸为证。但人间事情的记载,有时令人读了几疑是小说哩!"(创刊号《编辑室》)为满足市民的阅读需求,编者常将报纸上最有故事性的新闻加以改述,读起来一如小说。周乐山在《上海之春》

中说:"我照例是躺在床上看报,看报的态度,各各不同,有注意国际消息和国内政治消息的;有注意教育或体育消息的;但是以我的推测,还是用看小说的态度去看'本埠新闻'的最多,我就是一个。例如:看绑票案,好像看《水浒传》;看烟、赌、娼案,好像看《海上繁华梦》;看男女私妍新闻,好像看《玉梨魂》;看弃妇在法院的诉苦词,好像看《红楼梦》;看宣传书画家卖字画的新闻,好像看《儒林外史》……"文中谈的就是把"并非小说"当作小说看的阅读感受。

《小说》第一、二期月刊为十六开本,第三期半月刊开本扩大为八开,如同大的画报。这样的规格,在小说杂志中可谓异类。美术编辑黄苗子,广东中山人,十九岁来到上海。第三期之后杂志的封面和封三的作家漫像,大都出自苗子之手。漫画、木刻的作者还有鲁少飞、叶浅予、李桦、唐英伟等。李旭丹、马国亮、张英超、江栋良、孙青羊、楚人弓、郭建英、张锷等为插图画家。大尺幅的跨页插图与文字交叉映衬,编排手法娴熟,版面美观大气,引领时尚,很有魅力。

三

《小说》半月刊留下了荒煤和丽尼的人生足迹。

荒煤,即陈荒煤(1913—1996),原名陈光美,另有笔名梅丁。湖北襄阳人,生于上海,后到汉口。1934年到1937年年初,荒煤又回到上海过着"亭子间"文人的生活。

《小说》出版了十九期,其中七期刊载有荒煤的作品:

荒煤　　　　　　　丽尼

散文《男子汉》	第四期（1934年7月15日）
短篇小说《茵茵》	第六期（1934年8月15日）
短篇小说《秋》	第十期（1934年10月15日）
散文《一颗被人撇弃的沙子》	第十一期（1934年11月1日）
短篇小说《人们底爱》，署名"梅丁"	第十四期（1934年12月15日）
短篇小说《抛包——旅途杂记之一》	第十五期（1935年1月1日）
短篇小说《毕业》	第十九期（1935年3月1日）

他关注都市底层人们的灰色人生，描写长江上劳动人民被洪水、饥饿逼迫而离乡背井的苦难日子。"就在这种平凡的人物的平凡的生活里，作者唱出了他所不能不唱的'忧郁的歌'。"（立波：《小说创作——丰饶的一年间》）凄婉，郁悒，带着非常浓重的忧愁，是荒煤早期小说的特点。1936年10月，荒煤编集《忧郁的歌》

时审视过去的作品,认为粗糙,"严格地讲来,有些还不能算是小说","尤其是《秋》,显得有些空"。(《〈忧郁的歌〉序》)

荒煤说:"我踏上文学创作的道路,安仁是我的引路人。开始写作的一些不成熟的作品,他是第一个读者,也是我第一个老师。"(《一颗企望黎明的心》)

安仁,即郭安仁(1909—1968),笔名丽尼,湖北孝感人。"丽尼",据说是郭安仁童年时认识的一个外国女孩名字的音译。他从丽尼学得一口流利的英语,受益终生,后来用"丽尼"做了笔名。1930年前后他曾在上海劳动大学当旁听生,在福建编辑副刊、任教中学,后到汉口,又到上海,参加"左联",和巴金、吴朗西等一起创办了文化生活出版社。1934年起编辑《小说》半月刊。

荒煤和丽尼是1932年3月在汉口认识的,他们是一个读书小组的朋友。1934年夏天,陈荒煤因参加革命活动被捕,出狱后处境困难。这时,已经到上海的丽尼将荒煤的第一篇小说《灾难中的人群》交给《文学季刊》发表。丽尼写信鼓励荒煤,相信他是有文学才能的。听从丽尼的话,陈荒煤到上海开始了文学创作生涯。他在《小说》半月刊上的作品,是丽尼拿去发表的;在文化生活出版社出版的短篇小说集《忧郁的歌》和《长江上》,也是丽尼安排并仔细校阅的。

这时丽尼的创作正处在鼎盛时期。1935年12月出版的第一本散文集《黄昏之献》,已经引起了广大读者的注意。他以哀婉低回的声调、清丽玲珑的文字,倾吐自己愁苦的衷曲。而当敌人入侵时,他发出的是"没有抵抗,我已经没有祖国"的抗议,他觉悟到"个人的眼泪,与向着虚空的愤恨,是应当结束了"。(《〈黄昏之献〉后记》)

丽尼又是翻译家，译过屠格涅夫的《前夜》《贵族之家》和契诃夫的剧作等多种外国名著。《小说》半月刊上几乎每期都有他的译作，意大利皮蓝德娄的《寂寞》、英国赫胥黎的《旅人》、美国安德生的《怪僻》、印度拉加的《雅弗尼》等，他一篇篇介绍给中国读者。荒煤回忆丽尼翻译《贵族之家》的时候，每天工作到深夜。他"常常为了一句人物的对话，反复推敲，像演员背台词似的去品味这句话是否能够准确地表达人物的心情和性格"（《一颗企望黎明的心》）。

丽尼夫妇当时的生活也很拮据，但每逢荒煤等几个单身汉来家，总是想尽办法招待他们吃一顿较丰富的晚餐。白色恐怖严重，丽尼的家成了荒煤等地下工作集合联络的地点。甚至一些外地朋友出了事跑到上海躲避，也是丽尼安排接待。尽管有很大的风险，丽尼仍然毫无保留地给他们真诚的支持和无私的帮助。荒煤年龄较小，得到丽尼更多的照顾。

抗日战争开始，荒煤从上海到北平，1938年9月到了延安。丽尼为了一家人的生活，东奔西跑，在四川等地的中学、大学教书。在举家糊口无计的困厄中，最后到国民党政府机关里谋得一职，主要从事军事著作的英文翻译。

1949年后，荒煤作为中国电影事业的主要领导，任职文化部。丽尼先在武汉出版部门工作，后调北京任中央电影编译社副主任。"历史问题"使丽尼举步艰难。1965年调广州暨南大学任教。这一年，北京的荒煤已被作为"电影系统文艺黑线"的"罪魁祸首"受到严厉批判，1966年被捕入狱。南方的丽尼在1968年夏天，因强度的"劳动改造"猝死。

《小说》半月刊刊影选

1978年，荒煤在熬过九年铁窗生涯复出之后，曾有多篇文章纪念他的挚友丽尼。荒煤说，丽尼营救过被捕的地下党员，解放战争时期冒着生命和全家遭受厄运的危险为共产党传送过重要情报。这一切，他却从来没有对任何人提起。世变无常，痛定思痛，荒煤"感到有一种难以形容的交织着的内疚、痛苦。"(《告慰丽尼》)

巴金回忆丽尼这位终生好友，满怀深情地说："他不曾做过什么惊天动地的大事，谈起来，他只是一个心地善良的老好人，一个清清白白、寻寻常常的人。"(《关于丽尼同志》)

四

梁得所（1905—1938），广东连县人。1927年3月，二十二岁即任《良友》画报的主编，六年中将《良友》带入辉煌。1933年7月，辞去主编职务，离开《良友》，创办大众出版社。

仅用一年时间，梁得所连续推出五种杂志，除《小说》半月刊外，还有《大众画报》《文化月刊》《时事旬报》《科学图解月刊》。但是因经济调度不足，难以同时应付这样一个庞大的杂志群体的支出，出版社开业一年半就宣告结束。《小说》半月刊第十九期的封底有《本刊启事》："本刊问世以来，编制独步一时，印行不惜工本，乃创文化刊物之新型，读者留深印象。兹者本社对于文艺读物之提供，另有新拟计划，本刊至本期止，决暂休刊。将来文艺方面之出版，容另露布与读者再见。"正值盛年的梁得所身心交瘁，不久病逝。

《新小说》的"文艺通俗化"试验

一

《新小说》于1935年2月在上海创刊,月刊,二十开方型本。郑伯奇编辑。

郑伯奇(1895—1979),原名郑隆谨(一作隆瑾),字咏涛(一作泳涛),伯奇原为笔名。陕西长安人。早年加入同盟会,参加辛亥革命。1917年去日本留学。1921年加入创造社,与郭沫若、郁达夫、成仿吾都是创造社的重要人物。1926年毕业于京都大学文学部。回国后任中山大学教授、黄埔军校政治教官。1927年到上海,参与筹备"左联"并任常委。

1932年上海"一·二八"事变之后,郑伯奇化名郑君平,去良友图书印刷公司当编辑。他在《"左联"回忆散记》中记述:

> 我提议编辑一种文艺刊物,书店负责人也同意了,决定由我

负责。《新小说》就这样产生了。这虽不是"左联"的刊物，因为我在"左联"参加"大众化"的工作，很想借这块园地来作试验。

郑伯奇说，"左联"时期提出"大众化"和"通俗文学"。"前者主张作者应运用群众日常使用的活的语言，即群众的口头语，反对'五四'文学运动以来知识分子惯用的欧化了的'白话'；后者主张运用鼓词、评书、戏曲等通俗形式创作有革命内容的新的通俗文学。"（《"左联"回忆散记》）《新小说》第一期《征稿简则》要求："来稿文字务求通俗而饶有趣味，文言体及语录体恕不领教。"第四期《编辑后记》又重申："我们欢迎通俗作品，太艰深的、太得山人名士气的东西，恕不接受。"

二

《新小说》刊载的重点是小说。

张天翼的《一九二四—三四》主要写从"五卅"惨案到"九一八""一·二八"这段时间，翻天覆地的大变革。一个最初决心投身革命的青年，如何在残酷的生活面前，放弃了远大的理想，变成一个意志消沉的小市民。小说"用书信体，很客观地描画出大时代中的一个'零余者'"。

郁达夫的《唯命论者》写一位教了二十几年书、月挣三十八元六角的小学教员，他的妻子用外婆给孩子的一元钱，偷偷买了一张

郑伯奇

航空奖券。开奖那天，夫妻俩误认号码以为中了头奖，做了一场好梦。梦想破灭，人们在学校附近的河浜里发现了小学教员的尸体。当年《文学》杂志称许"《唯命论者》是既能通俗又耐回味的一篇小说"（《杂志潮里的浪花》）。

柯灵的《牺羊》描写在困难时代为生活为艺术而挣扎的一群青年女性。柯灵说，《牺羊》的题材来自郑伯奇。郑伯奇告诉他，电影界新旧势力的矛盾很突出，也是社会矛盾的具体反映，其中形形色色的人事沉浮，都是很吸引人的素材。

张天的《伙计》描写旧京公寓的伙计们，编者称"他的轻松的笔致、流畅的语言，直可追踪老舍先生的短篇"。

鲁迅给刊物翻译了西班牙作家巴洛哈的小说《促狭鬼莱哥羌台奇》。

《新小说》创刊号刊影　　　　　　　　《新小说》创刊号版权页

各期的《编辑后记》（或《编辑余谈》《编辑室往来》《作者·读者·编者》）中，有编者对作品的简要点评。如："茅盾先生一篇刻画没有自觉的摩登女性可谓入木三分。圣陶先生的《半年》假借儿童的口吻将教育危机的一端深刻地表现出来。靳以先生的《一人班》虽是素描式的短篇，颇富于人道主义的凄怆的情调。万迪鹤先生的《晋谒》在平凡的场面中描画出跃动的心情。郑伯奇先生的《幸运儿》是有时事性的讽刺作品。吴泮云先生的《老提摩太之死》描写恋爱与宗教的冲突。姚雪垠先生的《野祭》叙述由一个人的失踪所引起的家庭悲剧。"这是就内容而言，而对表现形式的不同一般之处，编者也有独到的发现："施蛰存先生的《猎虎记》用评话手法，写幽默故事；曹聚仁先生的《叶明琛》取历史题材，写随笔体的小说：都是难能可贵的作品。""陈子展先生的《呆女婿》用日本的狂言体写中国的民话,这是有意义的新尝试。"

《新小说》在小说之外也刊登随笔、杂考、散文等。阿英的《灯市》是对《金瓶梅词话》风俗的考证,洪深的《山东的五更调》是对民间文学的探讨,编者都列入《中间读物》专栏。《名著研究》专栏中有寒峰(阿英)关于《文明小史》的评论。散文中丰子恺的《放生》叙写人生感悟,叶圣陶的《近来得到的几种赠品》琐记深厚情谊。刊物还设有《幽默小话》《闲话篓》等栏目,刊登轻松有趣的幽默笑话、民谣小曲。这些淡化了刊物的政治色彩,突出了通俗化的主旨。

郑伯奇广约全国名家撰稿,第五期上曾刊出"经常为本刊执笔诸先生"名单,计六十三人。检索六期杂志,作者中已在名单者有三十三人,未入名单的姚雪垠、任钧、萧军、马宗融、侯汝华、徐迟、戴平万、立波、康嗣群、杨邨人等,也都是活跃于文坛的作家、诗人。《新小说》作家方阵的壮观由此可见一斑。

三

《新小说》作为通俗文艺期刊,郑伯奇在编排和装帧设计上也花尽心机。

第二卷第一期共刊发九篇小说,每篇都有插图,达二十五幅。有的一篇就有三幅插图,有的插图画面占一个全版。这在当时的文学刊物中是很为少见的。刊物一出版,即获得点赞。曹聚仁评价:"《新小说》很好,画和文字都有生气。"陈子展肯定:"创作均有

《伙计》插图　　　　黄苗子　　《乡间的来客》插图　　　　李旭丹

《芋虫》插图　　　　郭建英　　《夏夜一点钟》插图　　　　马国亮

《新小说》插图选

插图，当益接近大众矣。能做到雅俗共赏之通俗读物。"张天翼则说："看到《新小说》极为高兴，编制插画都极吸引人。"

插图作者都是年轻的画家，但在书页的狭小平面上展现出独具的个性异彩。万籁鸣以厚重的轮廓线条描绘人物形象，他的孪生弟弟万古蟾的构图则别具装饰味道。楚人弓的人物特写给人以强烈震撼，李旭丹的单线勾勒有一种动态的力量。黄苗子的素描笔触略带漫画的效果，郭建英线条单纯柔美而又清晰流畅。马国亮当时已是《良友》画报的主编，最本色的小品作家。他的插图线条与黑色块面交错，明暗变化中富有现代感。其他画家尚有陈元之、沈西等。展卷披览，《新小说》插图的多彩多姿，花团锦簇，令人神驰意远。

四十多年后，出版家丁景唐在《郑伯奇在"左联"成立前后的活动》文中高度评价《新小说》，"内容丰富，编排新颖，插图众多，生动活泼"。他特别指出，"小说、散文、译文、游记，都配以众多的美术题花、插图、电影剧照，在当时文坛上别开生面"，肯定《新小说》"在中国现代文学期刊史占有创新的一页"。

郑伯奇的《插画漫谈》（署名"平"，《新小说》第二卷第一期），有对插画的精辟见解："小说的插画是帮助读者欣赏的。插画的作风若和小说的作风不一致，反来可以引起读者由乖离而发生的不快感。但是，画家要做到和原作者一致，倒并不是一件容易的事。有时候，严肃的作品会插上漫画式的插图；有时候，轻松的作品而插画却采取厚重的笔调。"他认为，缺少写实精神的插画，不合通俗化的旨趣。"呆板的模写当然不就是写实，但绘画要引起观者的写实感是必要的。这一点，我们的插画画家能做到的并不多"。

四

　　《新小说》出版了六期，先后发表了十二篇关于文艺通俗化理论探讨的文章，分别是第三期的《通俗的和艺术的》（平）、《通俗和媚俗》（乐游）、《侦探小说和实生活》（华尚文），第四期的《通俗小说和民话》（乐游）、《通俗小说形式问题》（华尚文）、《通俗文学和读者趣味》（方钧），第六期的《身边的小说》（乐游）、《基本汉字》（华尚文）、《插画漫谈》（平）。这一期还有任钧翻译的"通俗小说论集"，包括日本人片冈铁兵的《通俗小说私见》、武田麟太郎的《通俗小说问题》、森山启的《关于通俗小说》。实际上，十二篇中除去三篇译文，其余九篇全是郑伯奇的文章，"平""乐游""华尚文"和"方钧"都是他曾经用过的笔名。郑伯奇将他对通俗文艺的意见化整为零，一个个小题目深入议论问题的一个个侧面，内中不乏精当识见。如论及艺术作品与通俗作品，指出："艺术的作品尊重独创，通俗的作品注重常识，这的确是一个很好的对照。"（《通俗的和艺术的》）如区分通俗和媚俗："通俗的作品只是作者把写作的态度降低到一般人所能理解的水准上。这一点也许是妥协的，而这种妥协是正当的。若抛弃了作家的天职，只去迎合低级趣味，那就是媚俗了。"（《通俗和媚俗》）

五

　　编者说："我们要出一本通俗的文学杂志，这杂志应该深入于

《唯命论者》插图　　　　　万籁鸣

《野祭》插图　　　　　楚人弓　　《刘桢平视》插图　万古蟾

《新小说》插图选

一般读者中间,但同时,每个作品都要带有艺术气氛的","我们相信,真正伟大的艺术作品都是能够通俗的,都是能够深入于一般读者大众中间去的","同时,有生命的通俗作品也都是在艺术方面很成功的"。编者认为通俗化和艺术性是可以统一的,"把作品分为艺术的和通俗的,这是一种变态。《新小说》的发刊,就是想把这种不合理的矛盾统一起来的"。(第二期《作者·读者和编者》)

这个愿望是好的,作家和读者都很欢迎。郭沫若说:"《新小说》饶别致,文体亦轻松可喜,能于大众化中兼顾到大众美化(广义的美),是一条顺畅的道路。"段可情说:"内容甚好,编排亦佳。""此刊物虽云系通俗文学之读物,然亦不可过分将趣味降低,弟向来主张文学非带艺术气氛不可,否则使人有读后无回味之感觉。"读者也表示:"现代的文学界确实太缺少通俗化的作品了,贵刊之发行,真深合我们的需要。"

但是既要深入于一般读者,又要在艺术上成功,做到二者的统一,谈何容易。读者反映:"有几篇作品,仍不脱考据性质或名士气,刊名新小说应当多登有故事的作品,以求成为大众的普遍读物。""老舍蛰存两先生的小说通俗则通俗矣,然有点'红玫瑰'的气味。""考证文字与翻译作品似都不是学校以外的读者所喜欢读的。"小说《唯命论者》和《一九二四—三四》都受到好评,作家却底气不足。郁达夫说:"要把小说写得通俗,真不容易","我自以为通俗小说,终不是我所能写的东西"。张天翼说:"我觉得我那篇不大合式,因为这种文字只有读书人能看,未能通俗。"

刊物的发行并不理想,但郑伯奇对《新小说》的"通俗化试验"

仍充满信心。第五期有编辑室的《征稿》："本刊自第二卷第一期（通数第六期）起，改革内容，力求通俗化，除原有之小说，随笔，中间读物等外，特增加以下各栏，广求外来文稿：（一）速写 简短的即景速写。（二）通信 各地实际生活的通信。（三）民话·传说 荒唐无稽者不录。（四）民谣·时调 肉麻及迎合低级趣味者不取。（五）短剧 以能在短时间内演出者为合格。（六）读者意见 对于本刊的意见和读后感想。"意在强化刊物的重点并力求主旨统率下的多元。第二卷第一期的开本改为二十三开，增加了篇幅。同时预告了第二期第三期的重点文章：《晚清文学研究特辑》，由郑振铎、阿英等执笔；《上海动态点滴特辑》，将有二十位作家分工合作，从不同角度表现上海这个"冒险家的乐园"。编者相信第二卷会大有起色。

　　第六期在7月刚刚出版，《新小说》却戛然而止，朋友们感到非常突然。停刊的原因，晚年的郑伯奇这样写道："我自己对于'大众化'也缺乏明确概念，所以刊物的面貌既不统一又缺乏特色，虽然得到鲁迅先生的热情支持和不少青年作家踊跃投稿，刊物的发行量不高，影响不大，出到第六期，终于停刊了。"（《"左联"回忆散记》）而赵家璧在《回忆郑伯奇同志在"良友"》中道出了真正的原委："8月下旬，（良友图书公司）经理又和伯奇为了销数、成本、稿费开支等问题闹了一场。伯奇耿直为怀，经理锱铢必较。一怒之下，伯奇于第二天拂袖而去，从此离开了良友。"

　　新文学与通俗文学的纠结，是中国现代文学史上一个独特的学术景观。通俗文学回归到中国现代文学史格局，从而初步形成一个雅俗兼容的大文学史框架，时间已到20世纪80年代了。

六

《小说的将来》是郑伯奇在《新小说》上刊发的短文。他预言："有声电影和无线电播音是现在全世界最新最流行的艺术，在不远的将来，电视（Television）又有完成的希望。"这一定会对艺术各部门产生巨大的影响，尤其是小说将因此发生激烈的变革：

> 小说不单是作家一手包办的东西，而变成和诗歌戏剧相同，要假借别个艺术家的媒介来和大众相见。大众不需要躺在沙发椅上一个儿闷闷地去看小说，借着电视和无线电的力量，有一个媒介的艺术家用肉声的言语把小说送到大众的面前。

今日电视和手机屏幕上展现的令人炫目的小说样式，已远远超出八十年前郑伯奇的遥想。

一柳二罗与《人生与文学》

一

1935年年初，天津南开大学爱好文学的学生组建了人生与文学社。4月10日，社刊《人生与文学》创刊。发起和主持者柳无忌。

柳无忌（1907—2002），原名柳锡礽，江苏吴江人。父亲柳亚子为近代著名诗人。他就读于上海圣约翰中学与大学，1925年转入北京清华大学。1927年赴美留学。1931年获耶鲁大学英国文学博士学位。这一年，南开大学英文系正式建系。1932年柳无忌完成学业，二十六岁风华正茂，应南开大学之聘接任了英文系主任。

为鼓励学生写作及翻译的兴趣，柳无忌曾主编《益世报》的《文学周刊》，为南开英文系师生开辟了一个投稿地盘。柳无忌说："后来兴趣大了，我与罗暟岚索性联合英文系同学来办一个自己的刊物。"（《国难中成长的南开英文系》）这刊物就是《人生与文学》。

《人生与文学》第一卷第一期刊影　　《人生与文学》第一卷第一期版权页

二

《人生与文学》的作者群有三部分人，各具面目，自成千秋。

一是柳无忌的"朋友圈"，核心是思想见解相近、风格趣味相通的清华校友。

罗暟岚（1906—1983），原名罗正晖，笔名山风、山风大郎、岂风等，湖南湘潭人。1924年入清华学校，1929年赴美留学。斯坦福大学社会系毕业，又入哥伦比亚大学研究院。1934年回国，至南开大学英文系任教。罗暟岚当时已有短篇小说集《招姐》和《六月里的杜鹃》出版。长篇小说《苦果》正在连载，受到文艺界的好评。

罗念生（1904—1990），原名罗懋德，又有笔名罗睺、砚深等，四川威远人。1922年入清华学校，1929年留学美国。先后就读于俄亥俄大学、哥伦比亚大学和康奈尔大学研究院。1934年回国，任教北京大学。

1931年4月，一柳二罗就和林率合编过《文艺杂志》。林率，原名陈麟瑞（1905—1969），又有笔名石华父，浙江新昌人。柳亚子的长婿。1928年清华毕业，留学美、英、法、德。后任教暨南大学、复旦大学等校。杂志由四个留学生在美国编辑，出版在上海，挂名主编柳亚子。《卷首语》言办刊宗旨："不是为了祖国的文坛太沉闷了，不是为了现今的出版界太芜杂了，也不是要标榜什么新奇的主义，我们才集合起来办这个刊物。这季刊只是几个在新大陆爱好文学的朋友，在读书的余暇中，愿意抽出些工夫来做一番耕耘的工作，在创作与介绍方面，为开拓这块文艺的新土，期待着未来的收获。"1932年9月停刊，共出四期。

水天同（1909—1988），字斲冰，甘肃兰州人。1923年进清华学校，1929年留学美国，先入康奈尔大学，后获哈佛大学研究院硕士学位。1933年又赴德、法留学。回国后在山东大学、北京师范大学等校任教。

谢文炳（1900—1989），湖北汉川人。1923年清华学校毕业，赴美留学。先在斯坦福大学，后进芝加哥大学和康奈尔大学研修英国文学，获硕士学位。1928年回国，先后任教武汉大学、厦门大学等校。

毕树棠（1900—1983），又名毕庶滋，笔名碧君，山东文登人。他虽不是清华留美学生，但1921年就入清华学校图书馆工作，一生服务清华。以译介西方文学见长，擅写海外期刊书评文字。

毕树棠曾经这样评论柳无忌等清华文人:"罗晴岚湘人,天才极高,观察敏捷,性极忠厚,专攻小说,所读新旧说部很多,而文格则私淑鲁迅。""罗念生是诗人,富浪漫情感与纯洁思想,所作文字,则不尽为诗,然而皆隽永而富情趣。""水天同是一'潇洒式之书生',才情极恣肆而豪壮,在校时曾戏作《圣人游地狱记》,载于《清华周刊》,轰动一时,虽是滑稽笔墨,不免有酷刻之处,然可知其对旧小说之神味,所得极深,西文造就亦颇有素。""柳无忌是清华的'特别生'而后出洋的,其父为南社诗人柳亚子,家学本有渊源,人颇静默婉雅,无华门公子习气。在校时即整理诗僧苏曼殊之著作与事迹。柳努力为之搜集考证,极穷山尽水之能力。"

"朋友圈"中还包括在南开英文系兼课讲学的教授、学者。讲"戏剧创作"的黄佐临,讲"莎士比亚"的孙大雨,讲"文艺心理学"的朱光潜,讲"新诗创作"的朱湘等人,讲"语言与文学"的清华大学中文系主任朱自清,年轻时曾在天津读书、此时已在上海复旦任教的赵景深,都是柳无忌的朋友。

二是南开英文系的师生。教师中的梁宗岱、司徒月兰等自是留洋的饱学之士。杂志的发行人刘荣恩(1908—2001),笔名子峄。浙江杭州人,自小随父母移居上海。1930年燕京大学毕业,即执教南开英文系。卢沟桥事变之后,刘荣恩留在天津,任教工商学院,创办并主编《现代诗》季刊。他的诗述说古物古事,保存、重温、强化中国人的民族记忆。抗战胜利后,刘荣恩回南开任教。1948年赴英国牛津大学贝利奥尔学院访学,后定居英国。黄燕生、胡立家、李田意、巩思文、吴炎(吴景略)等,学业良好,在研究、写作、翻译方面有卓

1927年柳无忌与家人。左起：柳亚子、郑佩宜、柳无忌、柳无非、柳无垢

罗念生

罗晤岚

越成绩。翻译莎士比亚《维纳斯与亚当尼》的曹鸿昭（1908—？），笔名宗遽，河南新野人。英文系的首届毕业生，留校任教。南开南迁后，曹任教西南联大。他和柳无忌合译的《英国文学史》，当时被列入"部定"大学用书，商务印书馆印行。抗战胜利，曹鸿昭赴美留学，1946年获哥伦比亚大学文学硕士。1947年至1969年任联合国中文翻译处高级译员，退休后旅居美国。翻译出版有希腊罗马史诗《伊利亚特》《奥德赛》和维吉尔的《埃涅阿斯纪》。这都是后话了。

南开之外的其他年轻学人。1934年金陵大学毕业的徐盈，1935年清华大学外文系毕业的辛笛，同一年毕业于清华大学研究院的曹葆华以及北京师大学生吴奔星等，都有作品在《人生与文学》发表。

三是作家。王余杞，四川自贡人。时在天津宁北铁路局任职。北方"左联"成员。澎岛，原名许延年，河北保定人。曾编《北国》月刊。金丁，原名汪竹铭。1932年初与徐盈、芦焚在北平合办《尖锐》。后去上海参加"左联"。作家也是杂志的一个重要"稿源"。

三

《人生与文学》第一卷第一至六期杂志一共刊发了十九篇小说。

截取社会断片，小说为读者勾画出多元世相。伦嘉的《或人的故事》《烟》和吴炎的《居丧》都是借孩子的视角写家庭变故，亲人离去，生活的每况愈下，民众的命运悲苦。澎岛《明日旧闻》中的中学教员徐石波赌博输掉九块钱，等于输掉一家人吃两个月的面粉，走上了不归路。欧阳英的《职业》中三个学有专长的大学生，毕业即是失业，饥饿病苦逼他们"拦路行抢"。格调悲郁，令人窒息。王余杞的《爬》和《头奖志喜》，将拍马又自吹的丑态、妄想彩票中奖的神魂颠倒，描绘得活灵活现，呈现出市民生活原色。谢文炳的《狗车》写失业工人砸烂羞辱他们的狗车，又遭羞辱。张秀亚的《拾煤的孩子》写小姐妹同去火车车场拾煤，妹妹竟被火车轧死的惨剧。1919年出生的张秀亚，这时是一个中学生，十六岁即有诗歌发表。论者评说，读她的短篇小说和散文，"有时她在使你流泪之后，又会使你发出轻微的苦笑。你苦笑，是你感到人生的滑稽，你流泪，是你看到人生的残酷！"（林慰君：《漫谈张秀亚及其他》）

有三篇小说以其独特选材而引人注目。徐盈的《霜》表现抗战中一个青年的变化。刘平的同学王某是个上菜馆、玩女人的花花公子，"九一八"事变几年之后，竟然被当局作为"反革命"处决。刘平目睹他高呼口号，坦然走向刑场，毅然死在枪下。金丁《阿嘉》的主人公阿嘉和她的丈夫阿梁，都是地下工作者。阿梁被捕牺牲。阿嘉在奔波营救中，亲历到各色人等的不同面目，但意志仍然坚定。她回到乡下阿梁的家，生下孩子，就"跑到农民里去了"。她看到农民太苦，动员农民联合起来抗争。阿梁的母亲不满意她的举动，村里一些人也不理解，警察开始注意她。最后，阿嘉又返回上海。江枫《啊吥》的故事发生在南方。六一道士从老子手里接过田产，靠着唱道又挣了一份家当。"这一天突然闯进一群凶神恶煞一般的疯子"，"什么开会呀，什么农民协会呀，还有乡苏维埃什么？"宣告、唱道、烧钱纸都是迷信。六一道士的地被拿走，三口人只留下九斗田。他拿惯了笔杆的手,现在却要拿起秧耙下地干活。他盼望世界变转来,说:"只要队伍来了,我的家当,就是剥皮,也要在那些疯子身上剥回来的。"这天他听说"队伍"来了,又听见远处枪响,心中暗喜。但接着听到从打枪那里送过来一声天崩地裂的"啊——吙——",一个又一个"啊吙",充满四面八方。枪声慢慢稀少,"啊吙"的声音也慢慢远了。六一道士看到"一排穿着灰色短打的家伙,被几个背着枪的疯子押解着走过去"。

小说中以美国为背景的有五篇,三篇的作者是罗晗岚,除署名"石敢当"的"No Washee Girlie"是描写偷渡美国的陈利谋生艰难,又遭白人敲诈的故事外,余下两篇写的都是留学生生活。《别筵》写一对恋人,男方要回国,黯然离别,不知情的女友尚做着憧憬未来的好梦。《金丝笼子》写已经回国的杰迷,意外地遇到当年在美国留学时的女友。旧情复萌,又不得不分手。鄞冰(水天同)的《酒醒天涯》和《刀与箫的故事》对中外文化差异引发的冲突,留学生之间的勾心斗角,都有细致的描绘,显示了小说家的敏锐和学者的才情。从清末民初留学生走出国门,就有了表现两个世界、两种文化的"留学生文学"。谢文炳的《留美写真》和《金山笔记》,记录了在美国的见闻:高度发达的物质文明,对有色人种和华人的歧视,留学生活的艰辛。40年代,谢又出版了长篇小说《诗亡》,记一对留学生的爱情从萌生到死亡。

柳无忌是诗人,他的十四行诗写东方游子在异域的感受,道出一个青年的爱的心迹。格律严谨,结构紧凑,内在张力紧迫,讲求韵脚和形式美感。《生死两镜》:"当我在镜中照见了自己,/那生命之镜,唉,我真吃惊!/这个微渺的灵魂与躯体,/如水泡的易碎,漂浮如萍!/我想,我不如到镜的后面/去瞧瞧,那里居住着死神,/死神却对我狰狞了两眼,/那副哭丧的脸太是可憎。/这样我徘徊在生死两镜,/迷了路;但当我远望高天,/忽然天空有光明在相引,/那是爱的光明导我向前。/因此我忘却了死的暧昧,/生的虚无,我只崇拜着爱。"论者称为"20世纪30年代中国新诗史难得的佳作"(冬云:《柳无忌与新诗》)。

吴奔星是得到柳无忌关注的诗人。他的新诗《废宅》,柳无忌刊在《文学周刊》1935年2月27日"新诗专号"的头条。《人生与文学》上发表了他的《墙》《流水音》《模糊的倩影》《秋祷》等多篇诗作。学者论吴奔星早期的诗歌,说:"青春期的燥动、困惑与焦虑,现实生活的重压、折磨与煎熬,使他们那一代生活在大都市的知识分子徘徊于歧路,他们找不到正确的出路,只能侧身于大都市的角落里,抒发着灵魂深处的抑郁沉吟。"(宋剑华:《都市流浪汉咏叹调——试论吴奔星早期诗歌创作》)

胡立家的诗有《雁》《南风》《笛》等,诗行严整,多抒写一个年轻人的孤独与感伤。《夜的独步》:"夜的怀里来了路人的足音/便是那泓竞唱的溪也停了涓流/更有那谁人抛了安息在觅寻,追捉/自己的影子,于无月的暗天下?/又令倦劳终日的路石重负/那条轻瘦而愁重的身躯。"而这时,"风也微微在怨言/一面伸手拍抚深梦中的叶子/不愿在寒冷的寂静中见到/自己的孤单。/满尽是冷酷的夜里/静闻弱翼盲瞎地在扑拍/是只寻不着巢的白鸽"。景物浓化了"夜""独"的氛围。

曹鸿昭的诗表现了倾心人生的悲悯情怀。《生命的归宿》中看到在八里台南开校外，四个人抬着白木板匣子埋人，他猜想死的人，可能"曾经是个小工，／在污秽的工厂里出汗；／因失业和疾病的压迫，／就慢慢地离开了人间"，"也许他是牢狱的囚犯，／在幽暗的窨穴里默等；／等到最后的那天临头，／才逃脱那吃人的樊笼"，"也许那里面是个女人，／一个孤苦无依的丐妇；／上天所给予她的恩惠，／孑然一身外别无他物"。

《歌——异国的歌》是罗暟（罗念生）的诗。早年他以充满了四川的乡味儿的《芙蓉城》，知名于文坛。

《人生与文学》的《文坛短评》直指文坛弊端，读者仅从《新文学的障碍》《斥滥产的作家》这些题目，就可知矛头所向。柳无忌（啸霞、霞、胜己、深溪、胜溪、萧亚）和罗暟岚（石敢当、石君、项雨）都有短评发表。文章揭露"造些半真半假、可信可疑的话，以吹自己，或捧别人"的旧圈套，弄得文坛上永远是一团乌烟瘴气。（《中国文人的旧圈套》）主张"不说心不由衷的话，不谈个人没有体验到的人生，也不讲自己没有看懂的文艺，更不摆出新学究的样子来批评文学。"（《说话难》）《文化的买卖》中由出版说到"卖教科书是一门好生意，尤其是各大学中学的入学试题详解，高初中的会考试题汇编之类，最受学生欢迎。"指出"这种一知半解的书籍出版和流行，却是教育界一大流弊"，危害在于"这样不知要害多少青年，费去了正当的求知时间，养成了曲解求知的意识，去孜孜于详读试题，以求万一的侥幸。"这段话今日读来，依然给人以八十年没有过时之感。

杂志的书评文字旗帜鲜明，文风凌厉。水天同在《茅盾先生的〈神曲〉》中直言不讳地指出"茅盾先生的错误和荒唐"。1935年的茅盾已是著名的批评家和作家了，但海归水天同并不迷信。他以德文原版为依据，通过大量的例证，说明茅盾"对于他自己所介绍的作品并未谋面；对于别人关于《神曲》的论著无力判别去取"，"所以有笑话层出、不成体统的介绍。"语言辛辣，毫不客气。

四

《人生与文学》为月刊，创刊号版权页的主编人是柳无忌、罗暟岚、黄燕生、胡立家，第四期主编人调整为柳无忌、罗暟岚、尹赞钧、李田意。第一卷出了六期，页数连续计算，达八百页之多。第六期有编者启事，因时局危急杂志暂时停刊。这时已是1935年的11月了。第二卷开始由月刊改为季刊，开本由三十二开本改为十六开本，篇幅减少，页码单独计算。时常脱期，勉力维持。编辑署柳无忌、石敢当、王慧敏、李田意，后又增加了梁宗岱。最后两期署"人生与文学社编辑委员会"。1937年4月10日，出版第二卷第四期后停刊。历时二载，共出十期。

《人生与文学》"填补了当时华北一度无大型文艺期刊的空白，在津门乃至北方文坛引起颇大反响"（南开大学新闻中心编：《永续的学脉——南开大学学科发展历程》）。

徐迟的《纯文艺》与劳伦斯

一

《纯文艺》旬刊,徐迟编辑,纯文艺旬刊社发行,发行人杜君谋。

杜君谋是徐迟夫人陈松一位女友的亲戚,一个出版商。1938年在"孤岛"上海,他出版了徐迟的小说《武装的农村》。徐迟回忆:

> 这个杜君谋还很欣赏我的文学。他劝我在"孤岛"上编一种旬刊,定名《纯文艺》。他说不要发表什么抗日的作品了,可发表一些无政治倾向的,不会找来什么麻烦的"纯粹"的文艺作品。(《江南小镇》)

于是,3月15日《纯文艺》在上海创刊,三十二开本,每期五十余页。3月25日出版第二期，4月5日第三期出版后即告终刊。

二

《纯文艺》是一个同人刊物。徐迟说："这个'孤岛'上有一群时常相见的朋友，各人前一次都取出一些旧有的稿件来便凑成第一期出版。"（第二期《编后谈》）三期目录如下：

第一期

诗两首	陈江帆
好推事	[西班牙] 阿索林作　戴望舒译
宇宙小姑娘	[美] 少洛扬作　徐迟译
升E短调之夜	袁望云
我上了木刻画家的当	钱献之
诗话抄	路易士

[内文标题为"诗话钞"。引者]

烦忧	戴望舒诗　陈歌辛曲
《荒原》评	余生

第二期

诗两首	沙夏

[内文标题为"新诗选（两首）"，包括沙夏的《郊原》和刘振典的《气象学》。引者]

通俗小说和严重小说	邵洵美
约翰日	袁望云

《纯文艺》第一期刊影　　　　　　　《纯文艺》第一期版权页

超现实派的失业	徐迟
谈英美近代诗	柯可
奥斯特洛夫斯基	[法]纪德著　戴望舒译
逃走的雄鸡（长篇连载）	[英]劳伦斯原著　邵洵美译
访问	南星
编后谈	

第三期

波彭克一册贝依特茄	
勃来斯泰因一支雪茄（诗注释）	艾略特原著　余生译释
海上零碎	严文庄
水风车	陈歌辛曲　徐迟诗
鸽，夜莺与红雀	吴兴华

徐迟和夫人陈松与大女儿

冤家	李绍忠
靛青啊	袁望云
维也纳的浮雕玉	[匈牙利]拉育·毕罗
	[文末署"龙八译注"。引者]
逃走了的雄鸡（长篇连载）	[英]劳伦斯原著　邵洵美译

《纯文艺》的主角自然是徐迟。

第一期徐迟有署名"余生"的《〈荒原〉评》。徐迟说，艾略脱（现通译艾略特）的《荒原》"这是一本艰难的书，又是一本深奥的书。而且，这是一本诗集，照例译者应该无意，出版家应该摇头"。而赵萝蕤女士竟然勇敢地译出来，实在是"非常可以欣喜的事"。《荒原》是晦涩的，译者不仅译了诗，"她那番注释的功夫也是空前的，注释往往会吃力不讨好，《荒原》的三万字注释却吃力而讨好了。如果没有这注释，《荒原》真要成一片荒原了"。评论中对诗的几处误译提出了修改的建议。署名"袁望云"的《升E短调之夜》，记述了他在故乡中学任教师时与女友相处中的一个小的插曲。两人谈论一首钢琴曲，为其中一曲是升C短调还是降E调，争吵了半天，后来和好了，但最后也没有弄清楚这首曲子终究是什么调。徐迟酷爱音乐，曾写过音乐家传记和乐曲的书籍。《宇宙小姑娘》为徐迟译美国少洛扬的小说。少洛扬，1934年出现于美国文坛的"最新的小说家"。署名"钱献之"的《我上了木刻画家的当》，即莫干山游记。全期八篇文章中徐迟的著译就占了四篇，一个人差不多唱了独角戏。

第二期有《超现实派的失业》和署名"袁望云"的《约翰日》。第三期有署名"余生"的艾略特的诗的注释，署名"袁望云"的《靛青啊》，另有《水风车》诗。

三

《纯文艺》作者与徐迟的情谊，留驻在徐迟回忆录《江南小镇》的书里书外。

第一、二期均有戴望舒的译作刊载。戴望舒是中国现代诗派的健将，徐迟是这一诗人群体的重要成员。徐迟说，结交戴望舒是自己"文学生涯中一个重要的枢纽"。他曾协助戴望舒编辑《新诗》杂志。1936年戴望舒在上海北四川路新亚酒店的结婚典礼，徐迟是男傧相，平生第一次穿上燕尾服为新郎"保驾护航"。晚年的徐迟依然认为"中国现代诗的桂冠,毫无疑问地,应当是属于他(戴望舒)的。虽然直到今天还不是,但我还要在这里写下这个预言"。

第一期有路易士的《诗话钞》。路易士,原名路逾,后用笔名纪弦,徐迟的好友。五十年后,徐迟回忆当年的路易士:"修长修长的个子,穿着三件头一套的黑西服,他手提一根黑手杖,嘴衔一只黑烟斗,有时还牵着一条绕着他跳舞的小黑狗。"(《纪弦和他的诗》)1937年徐迟在《赠诗人路易士》一诗中写道:"摸索你黑西服的十四个口袋,每一口袋似是藏一首诗的"。

第二期《谈英美近代诗》的作者柯可,就是金克木。当年徐迟因施蛰存的介绍,在北京沙滩一条胡同里找到金克木。他独自一人住在一个小小的四合院里,一间朝北的南房中。冬天,没有火炉,只有一个煤炉。徐迟说:"我们一起谈诗。他比我懂得更多,我向他讨教到不少的知识。"

散文《访问》的作者南星是金克木的朋友。扬之水的《关于南星先生》记录了金克木与南星结识的一段故事:"金的一位朋友办了一份小报,金为副刊专栏撰稿人。一日,金往游,见字纸篓内有一迭装订成册的稿件,拾而识之,乃杜南星与友朋之往来书札,誊抄后作稿件投,意欲售之,又见落款处有北大东斋字样,遂知此为男性(东斋为男生宿舍)。金见其文笔尚好,只是错投,——以副刊之区区半纸,何能刊此长文。于是揣起,后得便转托他人交还杜。"

《纯文艺》仅出三期,有两期刊载了歌曲,曲作者是作曲家陈歌辛。徐迟说:住在南浔时,"每次到上海去,陈歌辛是我必去看望的好朋友","我和陈歌辛谈话,成了音乐故事竞赛。他讲了一则,我就讲另一则,他讲一则肖邦,我就讲一则贝多芬,可以对讲一个下午。"

第三期的《海上零碎》写一个名为"峻"的女性,从上海乘轮船航行太平洋到美国西雅图的海上生活。同屋的黄女士,美国女子芳栖,菲尼(律)宾人安得,美国副将和他的夫人及孙儿,巴黎回来的美国商人,着高衩旗袍的俄籍女子,十几个中国学生。每天下午,峻都会见到栏杆外甲板上出现的广东人。这是第十五次看到他了。他说,自己是第一次回中国。康奈尔,刚毕业,念工程,不久还要回到那一行。船上等级分界森严,水手不可以与旅客交谈。船到西雅图下楼梯时,峻看见下层官员和医生正在甲板检查一排水手,广东人就在水手中间。作者严文庄,徐迟心仪的"女神"。

1933年8月,徐迟凭一张假的学历证明考取了燕京大学,成为英文系三年级的学生。同系一位灵秀美丽的女生让他一见生情,她英文名字玛格丽特(Margaret),本名严文庄。徐迟说:"我对玛格丽特的端庄姿色和丰富才华是倾倒的。她真是才貌双全。她所有的信写得有学问有文采。因此从一开始我在她面前有一种自卑感,认为我是绝对地配不上她。而她之垂青于我是对我的一种恩赐,我不敢有任何非分之想。我只想能和她友好地往来,能保持一种带一点儿倾心的友谊就是我的非凡幸福,可让我终生膜拜,馨香祝祷的了。"时间不长,11月下旬,燕大注册处查出徐迟报考的证明是假的,让他退学,并与东吴大学联系好,使他能回校读二年级。他不得不离开女友。这年的岁尾,徐迟上街买了一份印有鲜红玫瑰图片的日历,赠给玛格丽特。他还为此写了一首《写在日历纸上的诗》,诗中写道:"在年岁更始的元旦日,/赠送你绘着玫瑰花的日历纸。/于是扣着列车的窗沿的下巴,/喃喃自语的离开了古城。"五十多年后,徐迟在《江南小镇》中还不忘当年漫天大雪之中,"我想念着我的窈窕淑女,我的玛格丽特"。他和严文庄的友谊,一直延续到20世纪90年代。

严文庄燕京大学毕业后去美国留学。《海上零碎》就是她航行途中见闻的一章。

四

《通俗小说和严重小说》(第二期)的作者邵洵美,诗人兼出版家。1936年10月,徐迟的第一本诗集《二十岁人》就是在他主持的上海时代图书公司出版的。邵洵美在与徐迟的"两个人的对话"中,引用劳伦司(Lawrence,1885—1930,今通译劳伦斯)关于书籍的话:"六本书只值得你读一遍的,那不过是浮浅趣味的堆积,近代的可厌的堆积";"一本书能逗引你去读六遍,它一定会使你每次得到更深的经验,它会丰富你的灵魂"。他进而把读者分为两类:"一类是广大的群众,他们只为了片刻的娱乐而读书;一类是少数的人士,他们要读本身有价值的书籍,那种给他们新经验,再继续给他们更新的经验的书籍。"邵洵美认为,前者读的是通俗文艺读物,后者就是纯文艺的作品了。以小说而论,他称与通俗小说相对立的小说为"严重小说"(Serious Novei)。

《纯文艺》第二、三期连载了劳伦斯的《逃走的雄鸡》。

劳伦斯，这位以《查泰莱夫人的情人》知名于世的英国小说家、诗人、戏剧家、文学批评家和画家，早在20世纪20年代初期已"进入"中国。

中国劳伦斯翻译史上第一个译者是徐志摩。1924年6月，劳伦斯在美国纽约《名利场》杂志上发表的随笔 On Being a Man，徐志摩翻译成中文，译名《说"是一个男子"》，刊1925年6月5日《晨报副镌》的《文学旬刊》第七十二号。

邵洵美也很前卫。1928年劳伦斯的《查泰莱夫人的情人》刚刚问世，他就在自己主编的《狮吼》复活号第九期上率先刊出消息。书讯中介绍了这部长篇小说的情节内容、审美精神和审美效应，说明了受众阅读劳伦斯小说的目的与动机，指出在意大利佛罗伦萨出版的这部小说印刷上的错误及发行的数量。1931年7月，邵洵美以"浩文"笔名在《新月》第三卷第十期《书报春秋》栏目里，评介了劳伦斯的《逃走的雄鸡》。这部小说被称"有诋毁耶稣、亵渎神圣之嫌"，徐迟在第二期《编后谈》的评论是："这是一部曾经被禁过的淫书，但它的猥亵，并不是一般所谓的猥亵，毋宁说，这是性的赞美，是一种崇高的理想。"张光宇曾为邵的译作绘制了封面，可惜这部译本后来没有出版。

廖杰锋的《中国译介史中的英伦凤凰》一文，勾勒出劳伦斯作品在中国的流变。20世纪20年代至40年代，劳伦斯备受青睐和赞誉，孙晋三、章益、林语堂、郁达夫、杜衡、饶述一等众多译介者对劳伦斯倾注了极大的热情，关注着劳伦斯的小说、诗歌、散文、书

《逃走的雄鸡》首页　　　　　　张光宇画《逃走的雄鸡》封面

信与美术作品，我国的劳伦斯研究和翻译几乎与世界同步。但是，50年代至70年代中期，劳伦斯遭遇拒斥。70年代末至90年代，劳伦斯重遇知音。21世纪，遭遇生死轮回之后的劳伦斯以羽更丰、音更清的绰约风姿呈现在中国读者面前。

五

徐迟说：《纯文艺》"从发刊到现在所有的一些经过或感想，却不妨提起，以便读者明白我们。当一切文艺刊物都停顿，我们的刊物的出版自是含有若干苦心的"。创刊之后，"读者方面的反响是很可安慰的，我们已接到好几封鼓励的信。在目前的情况里，我们出这一个'纯'文艺的刊物，自然是该打耳光（这个惩罚还不够足），

但怎样能无负于大时代,这不是轻易便做得到的,只能让我们做起来。"(第二期《编后谈》)徐迟坚信:

冬天虽不是花卉盛开的季候,春天总会来到,所以冬天里不能不播下一些种子。

《文笔》的编者与作者

一

《文笔》于1939年6月4日创刊。"文是指韵文,笔是指散文"。(《文笔》第二期《编余》)编辑人王玉,发行人徐光玦,出版者文笔社。

二

王玉和徐光玦是同一个人,一位中国现代文学史上的"失踪者"。

王玉(1916—2006),原名徐光玉,浙江绍兴人。他自述:"我是在杭州,在父亲做着车行老板的全盛时代,当父亲正在客厅里打牌的一个夏天的晚上,生下来的。"(《四岁之前》)1931年到上海读中学,1933年秋入持志大学。1937年因战事离沪返乡,后辗转南昌、汉口、重庆、成都等地，借读四川大学，靠写稿维持生活。1938年后半年回到已成"孤岛"的上海。王玉单枪匹马编辑发行，一身二任，办起了《文笔》。

1941年之后，王玉在沦陷的上海、苏州编杂志，写文章，创作和翻译都相当活跃。小说集有《尘梦》和《清风镇》，写市井平民生活的困难和无奈，写"乱世男女或暧昧或不伦的情爱纠葛"（郭刚：《现代文学史上的徐淦》）。杂文集有《见山楼什文》，他在《前记》中说："杂文已被鲁迅先生写到最高峰。但是，需要杂文的时代没有过去，不过究竟有不同了，我们必须换一个写法，那就是直接痛快，简单明了，用不着引经据典，特别不要先摆出一副杂文架子，使读者打一个寒噤，预感到：这是教训。"《见山楼什文》曾被称为当时上海"杂文的丰富收获之一"。

抗战胜利后，王玉常用的笔名是徐淦。1949年冬，他从上海到北京。后供职人民美术出版社，编写连环画文学脚本。徐淦编文、刘继卣绘画的《东郭先生》《鸡毛信》，今日已成连环画中的经典。1957年王玉被划为"右派"，二十多年后得到改正。

王玉的笔名很多。他曾有《我的笔名》（署名"王予"）一文，专谈他的笔名种种。

王玉说，最早的笔名是何其外，"不过那时只有'其外'两个字，是读了《卖柑者言》，取金玉其外败絮其中的意思，后来加了个'何'字，则是'何其坏'的谐音，也不是想冒充何其芳的老兄"。罗英这一笔名，"在个人的生命史上是留下可悲的纪念的"。"十七岁我就奉命结婚，自觉一生的幸福从此毁灭，想到英文的Ruin，就

《文笔》创刊号刊影

《文笔》第一卷第五期刊影

《文笔》第二卷第一期刊影

译成这样两个字刻了图章。也确有承认是罗亭的兄弟之意"。智广，"有时候还冠一'释'字，怕别人不懂得这是和尚的名字。那时未必像我后来的略涉佛学，偶有出世的志愿；大概是正在欢喜晏殊的作品而已"。王予，"予者我也，同时也是玉字的化音。王予和王玉并用"。另有玉帝、李枪、石盘、越客、适越、薄居、马绥甫等笔名。

王玉说，在南京时还发明了一个路名倒装法，有了一大串诸如此类的名字：吴务玄——玄武湖，邹白鲁——白鹭洲，寇介辛——新街口，鲁富国——国府路。这样的笔名有一个好处：后来可以使自己知道某些文章是在某地写的。比如用鲁富国这个笔名时，就住在国府路上的一家小旅馆。

1949年，王玉又用过齐甘和克安，这两个名字都约略可以反切念成"淦"。

三

《文笔》的作者中不少是中国现代文学史上值得一记的人物。

小说《七里岙高地的风雨》，写七里岙的乡亲们击毙了牧场的劫掠者之后，敌人大举入侵，守卫者与入侵者殊死搏斗。"树木折断了，长枪折断了，人的手肢折断了。没有手肢的人们，在山坡上肉搏，没有大腿的人们，在山坡上肉搏，没有脑袋的人们，在山坡上肉搏。"大火，炮轰，"疲惫了的下弦夜，风雨，还喧嚣在毁灭后的七里岙"。全篇没有复杂的情节，没有繁复的描绘，几个场景突出了侵略者的血腥屠杀，守卫者的誓死抗争。作者以邕。

以鬯，即刘以鬯（1918—2018），原名刘同绎，字昌年。祖籍浙江镇海，1918年生于上海。刘以鬯说，上海是他文学之路"发迹"的地方。十六岁在大同中学读高二时，他的处女作《流浪的安娜·芙洛斯基》发表在《人生画报》上。小说写的是上海霞飞路妓女的故事，配图的是高他两届的师兄华君武。1941年，刘以鬯上海圣约翰大学毕业。太平洋战争爆发后，即赴重庆，曾任报纸和杂志编辑。1945年冬回到上海。1946年创办怀正出版社，出版了徐訏、施蛰存、戴望舒、姚雪垠的作品。1948年冬，刘以鬯先到香港，后到新加坡、吉隆坡。1957年返港，一直从事编辑和写作。1985年，创办纯文学杂志《香港文学》月刊，任社长兼总编辑。

刘以鬯一支笔写下了七千万字，有多种著译出版。刘以鬯强调"与众不同"的重要性，并称自己是在坚持写"与众不同"的文章。他借鉴现代派的新技巧手法，探求内在真实，开"实验小说"风气之先。1963年的《酒徒》，写一位职业作家，有丰富的生活经历，文学修养颇高，对文艺有精辟的见解。他曾办过出版社，编过报纸，来到香港后，他主张文学要创新，创作过"实验小说"。但在香港，文艺受制于功利价值观念，严肃文学难以立足。他为生活所迫改写武侠小说不成，又不得不写黄色小说，最后堕落成为一个整日靠酒麻醉的酒徒。这部被誉为首部意识流手法的小说，曾被《亚洲周刊》选入"二十世纪中文小说一百强"。1972年的小说《对倒》，只有两个中心人物：一个满怀忆旧情结的老人，一个满怀浪漫世俗理想的少女。两个不相干的人物从街道两端相对行走，从两人对街头橱窗和街头风波产生的不同看法与联想，表现隔代人的不同心态。小说的故事性很淡,而创作手法极具创意。王家卫执导的风靡华人世界的两部影片《花样年华》和《2046》,其蓝本的灵感就取自刘以鬯的名篇《对倒》和《酒徒》。

2015年5月,刘以鬯获香港特区政府"2014香港艺术发展奖""终身成就奖",颁奖词中特别赞扬了他的作品对香港文学发展的深远影响。

吕亮耕(1914—1974),笔名有亮、亮耕、素心、朱颜、黄河清等。祖籍湖北嘉鱼,生于湖南益阳。1931年在杭州蕙兰中学读书时,就与同学自办《现代诗草》。1934年中学毕业后到上海。"八一三"事变后,经绍兴、长沙、衡阳到贵阳,编辑《抗战日报》副刊《诗歌战线》,发起组织中国诗艺社,极力提倡新诗并从事创作。1949年后在中学教书。1957年被划为"右派",后在贫病交加中离开人世。徐迟《沉舟已经升出水面——〈吕亮耕诗选〉序》评吕亮耕的诗作:"有独特的风格、他自己的个性的,很光亮、很开朗,形象特别的鲜明"。"早期的诗歌,象征主义的色彩比较浓厚,忧郁、凝重,大多是个人感伤情怀的咏叹"。抗战的诗,"满溢的激情喷涌而出"。

朱维基(1904—1971),上海人。上海沪江大学毕业。先后在南国艺术学院、上海正风文学院任教。他的诗具有浓郁的唯美主义倾向,有诗集《天堂的孩子》,译有但丁的《神曲》、拜伦的《唐璜》。抗战时期朱维基为上海抗日爱国诗歌活动的重要骨干,曾被日本侵略军拘禁,遭受将近一年的牢狱磨难,诗人成为坚定的爱国者。1949年后,任新文艺出版社编辑。

芳信，原名蔡芳信（1902—1963），江西南昌人。曾留学日本，入读东亚外国语专门学校。早年从事戏剧活动，为南国社成员。上海"孤岛"时期，与朱维基等组织"上海诗歌座谈会"，出版《行列小丛书》。抗战胜利前参加新四军。1949年后任人民文学出版社和戏剧出版社编辑。

严大椿（1909—1991），笔名庄森，江苏吴县人。上海立达学院毕业，曾在法国格城大学就读。回国后任开明书店、上海儿童书店编辑。1949年后仍做编辑工作，致力于少年儿童文学创作和翻译。

孙望（1912—1990），原名孙子强，字子量。江苏常熟人。1932年入南京金陵大学中文系，毕业后曾在资源委员会下属机关供职。1942年去战时已迁成都的金陵大学任教。1934年，醉心于新诗创作的孙望，集合一群刚刚走进学院围墙而满怀愤世或梦幻之情的年轻诗人，组织土星笔会，出版会刊《诗讯》。

《蜜月小景》的作者程千帆，想来应是以后在校雠学、历史学、古代文学等领域都有杰出成就的闲堂先生。程千帆（1913—2000），祖籍湖南宁乡，生于长沙。1932年入金陵大学，土星笔会的重要成员。程千帆在《诗讯》上有诗作发表，并有诗集《三问》和诗论集《无是集》出版。一面唱"古老而新鲜的恋情"（《绣枕》），一面写小说。他与孙望既是同班同学，又是笔会诗友，"交谊尤密"（程千帆：《致蒋寅函》）。孙望是《文笔》的作者，程千帆的作品在《文笔》刊发也很正常。程的夫人沈祖棻（1909—1977），祖籍浙江海盐，生于江苏苏州。中央大学中文系毕业，考入金陵大学国学研究班,师从黄侃、汪东、吴梅等。早年她以一首《浣溪沙》引起大师们的注目,"有斜阳处有春愁"是广为传颂的名句。程读本科三年级时,沈是研究生二年级,两人同在土星笔会,只是沈祖棻用了"绛燕"的笔名。程千帆恃才傲物,但倾倒于师姐沈祖棻的才华。1937年日寇轰炸南京,他们避难安徽屯溪。这年9月结婚,"姐弟恋"终成正果。时值日寇长驱直入,亲人失散,骨肉飘零,夫妇两人从蜜月就开始了乱离播迁的生活。《蜜月小景》描写的新婚夫妇感情的微波涟漪,当是小说家言。

《文笔》上发表了《看你》《闲谈》《遗憾》《在乱着的心》《我只是想出门》《上道》《抵埠》等多篇杂感随笔的林微音(1899—1982),笔名陈代,江苏苏州人。原供职于上海某银行,后专职写作,有大量的散文、小说发表。林微音笔下的舞场、浴室、茶馆、电影院、街道、游泳池、回力球场等,不只是一般的人物活动场景,而且是寄托闲适或宣泄狂欢的平台。作家在"这些公共性的城市空间勾画出十里洋场的绚丽辉煌和嘈杂烦乱"(朱美华:《都市空间与都市欲望》)。林微音还有新诗创作,笔力柔旖,风格靡丽。1933年,和朱维基、芳信等人在上海成立绿社,创办《诗篇》月刊。林微音常被张冠李戴地误认为是林徽音,后者是当时北平的著名女作家。徐志摩在《诗刊》第三期《叙言》中声明:"本刊的作者林徽音,是一位女士,《声色》与以前的《绿》的作者林微音,是一位男士(现在广州新月分店主任),他们二位的名字是太容易相混了,常常有人错认,排印亦常有错误,例如上期林徽音即被刊如'林薇音',所以特为声明,免得彼此有掠美或冒名的嫌疑!"据传,当林徽音发现一个叫林微音的男作家后，遂即改"徽音"为"徽因"，以示区别，并且语出惊人：我不怕人家把我的作品误为林微音的，只怕日后把他的作品错当成我的。如实而论，林微音对中国现代文学也有自己的贡献。当他使用"林微音"这个名字的时候，林徽音似还未涉足文坛。

四

《文笔》共出十四期，刊期和开本却有三次变化。

王玉在创刊号《编余》中说："原计划出月刊，由于人力的限制，只好先出小型的周刊。""这是新型的小刊物，自信也有它的好处：在上海少见的形式可以一新读者的眼目；比较低廉的成本可以减轻读者的负担（内容却比八十页的月刊多上一倍）；还有，小型刊物原是新的作者的红脚桶，我们特辟一版《习作》就是专刊大中学生爱好文艺者的初学写作，冀图由《文笔》产生出一群新作者的。"1939年6月4日出版创刊号，第二、三、四期，分别于6月11日、6月18日、6月25日出版。八开的报纸型，每期八页。

第五期起，《文笔》由周刊改为半月刊，十六开本。每期连同封面、封底一般为十六页，少的十二页。封面左为竖排的"文笔"两个印刷体字，右下方为"本期内容"。编辑人、发行人、出版者未变。第五期至第十期的出版时间为1939年7月16日，8月1日，8月16日，9月1日，9月16日，10月1日。第十一、十二两期合刊，10月25日出版。合刊《编辑室》说："到本期止，《文笔》出完了第一卷，十二期并不是一个足以自傲的数目，但在文艺刊物无不朝生暮死的不幸的惯例下，我们竟能有一个小小的段落可告，也颇觉得可以自慰了。"

第二卷改为月刊，开本变为窄而长的异形十六开。1939年12月5日出版第一期，版权页署编辑人王玉、发行者文笔出版社。1940年1月5日第二期出版后，再无下文。

《西洋文学》与吴兴华和《尤利西斯》

一

1940年9月1日，《西洋文学》在上海创刊。月刊，十六开本。编辑者为西洋文学社，发行人林翊重，发行所西洋文学社（第八期起改为林氏出版社），版权页同时刊有如下名单：

顾问编辑　林语堂
名誉编辑　叶公超　郭源新　李健吾　巴　金　赵家璧
编辑同人　张芝联　周黎庵　柳存仁　徐诚斌　林葆园
　　　　　林憾庐

杂志主要负责人张芝联（1918—2008），浙江鄞县人，出生于湖北汉口一个书香世家。父亲是上海光华大学创办者张寿镛。1935年张芝联考入北平燕京大学西语系。两年后因日寇入侵北平沦陷，返回上海转入光华大学西语系。

1940年夏,张芝联光华大学毕业,留在光华附中教书。他说:《西洋文学》也就是在这时创办的。"一天我的中学老同学柳君存仁来访,谈起在美国的林语堂先生愿出资五百美元,支持其兄林憾庐创办一份西洋文学翻译杂志,憾庐托柳代觅一个得力编辑;存仁与我相知颇深,遂推荐我与憾庐面谈。我提出两点要求:杂志内容必须高尚典雅;稿件取舍由我决定。对方同意后我即着手筹备。""当时我刚度二十一岁,初出茅庐,对西洋文学一知半解,对人情世故一窍不通,单凭一股热情和勇气赤膊上阵。首先,我需要得到一些文学前辈的支持。于是我一一登门拜访,征询意见。"(《五十五年前的一次尝试》)

张芝联拜访了五位前辈,分别是学者、作家和出版界的名人:叶公超,北京大学英国文学的台柱,当时正在上海;郭源新,即郑振铎,燕京大学教授,在上海与张芝联的父亲一起为政府搜购古籍;李健吾,法国文学专家,莫里哀、福楼拜作品的译者,剧作家兼演员;巴金,著名作家,翻译家;赵家璧,编辑家,翻译家,《中国新文学大系》和《良友》画报的编辑,张芝联的光华校友。垂老之年张芝联回忆当年趋访情景,犹感亲切愉快:

叶公超约我去他家谈话是在我新婚的翌日——一九四〇年七月九日晨八时。他住在法租界一所高级洋房,宛然一个公子哥儿。正题没有谈多少,却眉飞色舞地给我讲述他最近一次惊险遭遇:因得罪青红帮而过了几天铁窗生活,前一天刚从牢中出来。

《西洋文学》创刊号刊影　　　　《西洋文学》创刊号版权页

郑振铎当时住在愚园路静安寺附近，我一进屋里只见桌椅上、地下都堆着书本和稿件，连坐的地方也没有。他有一个特点：讲话时目不注视对方，仿佛自言自语，谁也猜不出他心里正想着什么大事。李健吾谈锋最健，嗓门高爽，谈得高兴时手舞足蹈，和他演戏时差不多——我看过他在《正在想》中的表演。巴金话虽不多，但非常诚恳谦逊，详细询问办刊过程，并答应为杂志撰稿。赵家璧是光华校友，早在编辑《良友》画报和《丛书》时就出名，他向我介绍了许多文坛名流和翻译家，而且面授编辑诀窍。（《五十五年前的一次尝试》）

他们都允诺担任名誉编辑。

编辑顾问林语堂，实际是既不顾也不问。同人中林憾庐、林葆园只是挂名，工作主要由张芝联、柳存仁、夏济安担任。原在北京大学中文系的柳存仁、中央大学哲学系的夏济安都因战事回到上海，在光华大学借读，与张芝联同窗。周黎庵、徐诚斌也是张芝联的朋友。50年代，徐诚斌到罗马读神学，入天主教，后擢升至香港区天主教主教。

撰稿人除了名誉编辑和同人，征稿的主要对象有三批：当时滞留上海的著名翻译家耿济之、傅统先、朱雯、黄嘉德、周熙良、全增嘏、谢庆尧、邢光祖、予且等；同辈的年轻译者，上海的郑之骧、陈楚祥、班公（周班侯）、谭维翰、满涛等，北平的尤其是燕京大学的宋悌芬、吴兴华、南星、黄宗江等；西南联大的成名译者潘家洵、温源宁、孙毓棠、卞之琳、姚可崑等。

二

《西洋文学》创刊时，上海进入"孤岛"时期已近三年，形势日益严峻。"一大批期刊文章把目光放在了知识传输或者学术研究之上。它们既没有像救亡文字那样投身现实，为民族大难呼喊奔走，但也没有像一些通俗文字那样，进入消闲之途"（王鹏飞：《"孤岛"文学期刊研究》），知识传输与思想启蒙为《西洋文学》追求的办刊目标。

编者说："我们认为文学不仅是表现人生，表现理想，同时也有其功能。文学不仅是消极的，作为个人的文学修养，精神的慰藉，或仅祗教我们认识时代而已。它也是积极的。它教我们怎样做'人'，

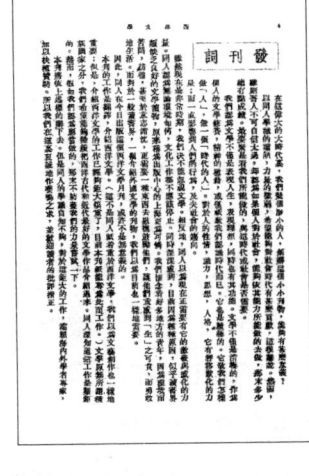

张芝联　　　　　　《西洋文学》发刊词

做一个'时代的人'。对于人的性情，识力，思想，人格，它有潜移默化的力量；而一直影响到人们的行为，及夫社会的趋向。虽然现在是非常时期，我们决不能忽视文学。相反地，同人以为现在正需要有它的激发与感化的力量。同人认为无论环境如何，文化工作都不应该停止。同时深深感到，目前因为种种原因，似乎读书界颇缺乏良好的文学读物，原来称为出版中心的上海更为可怜。我们怀念着好多地方的青年，因为环境而苦闷，彷徨，甚至于意志消沉，更需要一种东西去慰抚鼓励他们，让他们重感到'生'之可贵，而勇敢地生活。""对于一般读书界，我们认为目前也一样地需要一个介绍外国文学的刊物"。（《发刊词》）编者表示，要"努力把各国古今最优秀的文学作品通过最佳译笔介绍给读者"。每期约十万字的《西洋文学》，绝大部分篇章是译文，有诗歌、小说、戏剧、传记、述评和论著。

编发作家的"特辑"是《西洋文学》的一个特色。民国期刊常采用"特辑"等方式推介重点作家作品,这是一个重要的编辑策略。这样做,与书籍出版相比迅捷、及时,同时,也弥补了期刊介绍零散和不系统的缺陷。"特辑"常常围绕特定作家或主题进行。《西洋文学》在译文选择方面更看重诗歌,曾刊发拜伦、雪莱、柯勒立治(柯勒律治)、济慈、华兹华斯、叶芝、乔伊斯等多位英国诗人的作品,并先后推出了拜伦、叶芝的"特辑"。"特辑"一般包括作家小传、作品译文、相关评论等内容,对作家作品做更为立体和深入的呈现,从而产生更大的社会影响。

书评是《西洋文学》一个重要的栏目。它是向读者提供新书信息的渠道。先后发表了近四十篇学者自撰的书评:温源宁介绍英国战地诗人 Siegfried Sassoon 的回忆录和 Robert 的散文集,巴金译介克鲁泡特金的《伦理学》,全增嘏评林语堂的《瞬息京华》,邢光祖评赵萝蕤译的艾略特的《荒原》,夏楚介绍托马斯·曼的《绿蒂在威玛》,司徒翚评莫洛瓦的《夏多布里安传》等。这些评介尽到了及时为读者服务的责任,很得读者好评。

三

《西洋文学》的"特辑"中,第七期"纪念乔易士(James Joyce,现通译乔伊斯)逝世"的"特辑"为杂志染上一笔重彩。

这个"特辑"包括了爱尔兰现代作家詹姆斯·乔伊斯(1882—

1941）的小传、照片、诗选、短篇小说《一件惨事》和《友律色斯插话三节》，以及爱德蒙·威尔逊的《乔易斯论》。作家去世两个月后就制作完成了这一内容全面的"特辑"，将《尤利西斯》（Ulysses）介绍给中国读者，《西洋文学》对于国外当代文学事件的迅速反应，表现了编者的学术素养和独特眼光。

《尤利西斯》被誉为"20世纪最伟大的英语文学著作"。乔伊斯从1909年起开始酝酿这部长篇小说，1914年动笔，1921年杀青，前后经过十多年岁月。但是，这一后来为乔伊斯赢得不朽的名著却被审查为淫秽小说而遭到查禁。直到1936年10月，《尤利西斯》历尽坎坷才终于在英国出版。

《尤利西斯》刚刚诞生，1922年中国的《小说月报》第十三卷第十一号上，沈雁冰（茅盾）在《海外文坛消息》中就介绍了乔安司（乔伊斯）和读者对Ulysses的不同反应，有投书杂志责问或漫骂，也有热心赞美。但在乔伊斯还没有奠定他在世界文坛上的地位之前，就把他的争议作品《尤利西斯》介绍给中国读者的则是《西洋文学》。《尤利西斯》深奥难懂，汉译本以选译的方式进行。《西洋文学》"特辑"刊载的《友律色斯插话三节》就是《尤利西斯》的三个片段，译者是青年翻译家吴兴华。此前，在《西洋文学》第二期，他已有《菲尼根的醒来》和《乔易士研究》发表，对时人惊为天书的乔伊斯晚年杰作《为菲尼根守灵》做了研究探讨。

吴兴华（1921—1966），祖籍浙江杭州，生于天津，后随家迁居北京。1937年十六岁考入燕京大学西语系。他结识了宋悌芬，成为至交。宋悌芬即宋奇，又名宋淇，后常用笔名林以亮，浙江吴兴

吴兴华　　　　　　　　　　《友律色斯插话三节》首页

人。他和张芝联是燕京大学的同班同学。卢沟桥事变后，两人回到上海。1939年，宋悌芬回燕京大学继续未完的学业，张芝联则在光华大学读到毕业。《西洋文学》创刊时，宋悌芬已经毕业留校，授大一、大二的英文和翻译。近水楼台，燕大的作者都是由他负责联系的。第六期《悲怆交响曲》的译者黄宗江也是燕大学生，宋悌芬和吴兴华的共同朋友。

张芝联的夫人赵蕊几十年后回忆吴兴华的少年才俊：

这个身材又高又细的少年诗人，初入燕园，便崭露头角，显示出非凡的学习外语的才能。他原有的扎实基础是英语，第二外语学法文，以惊人的进度达到了熟练的水平，接着又学德文、意大利文，在班上的成绩都是最优等。他还以余暇学会拉丁文，能阅读诗集。同学之间，在才力和思想上的交锋是非常敏感的。宋淇有个绝妙的比喻：他说自己和兴华一起攻读，真像"虬髯客"遇到"真命天子"李世民一样，自叹不是他的对手。（《从诗人到翻译家的道路——为亡友吴兴华画像》）

1941年吴兴华燕京大学毕业，留校任教。抗日战争爆发，学校内迁，他因身体不好且需抚养弟妹而留下。他拒绝为敌伪聘用，只在中法研究所做一点工作。大部分时间在家苦读经史，写诗，翻译外国作品。《西洋文学》刊载的就是这一时期的著译，有《现代诗的传统》等论著，还有《拜伦诗钞》《司高脱诗钞》《穆尔诗钞》《但尼生诗钞》《叶芝诗钞》等大量诗作的翻译，译笔流畅高雅，节奏自然，恰切地再现了原诗的意境和韵味。吴兴华博闻强记，表现了同辈人中罕见的才华。

1949年后，高等院校合并，吴兴华随燕大并入北大，任教西语系。1957年，由于他对苏联专家的教学方法有不同意见被划为"右派"。1966年"文革"乱起，大祸临头。吴兴华即"被勒令劳改，在劳动时体力不支，又被红卫兵灌下污水后当场晕（昏）迷，红卫兵仍对他又踢又打，耽误了送医院的时间，再也没醒过来"。一代英才，正值盛年而遭扼杀。吴兴华夫人谢蔚英在《再忆兴华》中记下这惨痛的一页。

四十年后，《吴兴华诗文集》面世，诗人、学者和翻译家吴兴华方进入读者的视野。

《尤利西斯》在1949年以后中国大陆的命运也是颇为蹇厄。20

世纪50年代至60年代,《尤利西斯》被视为一部充斥着"虚无""市侩""色情"的资产阶级思想的"颓废派作品"。"文化大革命"时期,张芝联竟因当年《西洋文学》杂志组编的乔伊斯"特辑"而受到牵连,被指控用资产阶级思想毒害人民的头脑。《尤利西斯》的翻译,即便是节选性的翻译,也被迫中止。"文革"结束后,金隄翻译的《尤利西斯》第二章,收入《外国现代派作品选》,1981年出版。这是吴兴华翻译之后四十年,中国第二个《尤利西斯》的节译本。1994年,译林出版社出版了萧乾、文洁若翻译的《尤利西斯》。金隄的《尤利西斯》译本,1996年由台湾九歌出版社出版。中国读者终于看到这部"有趣的小说里最难懂的、难懂的小说里最有趣的"书的全貌。

四

1941年6月出版的第十期《西洋文学》,刊登了两则启事,其一曰:"迩者排印工既高一倍之后,本月又涨加三成,因成本贵重之故,不得不将定价提高。敬希亮察为荷。"其二曰:"本刊七月八月歇夏,暂停刊,至九月续出。"暑期过去,张芝联已离开上海,重入燕京大学研究院攻读历史。《西洋文学》停刊。1946年张芝联赴美国耶鲁大学研究院访学,1947年又横渡大西洋到英国牛津大学进修,在法国参加国际讨论会其间广泛涉猎中外文学和历史。回国后,先在上海光华大学任教,后任教燕京大学。1952年转入北京大学任历史系教授。

五十五年后,张芝联总结青年时期编辑《西洋文学》这一次尝试,说:"虽然杂志内容是高雅的,译文质量是头等的,编辑是负责的,校对是认真的,但要知道,这是战争年代,还有比宣传西洋文学更重要的事要做。"(《五十五年前的一次尝试》)

《文帖》与周越然的书话

一

1945年4月1日,杨桦编辑、知行出版社发行的《文帖》在上海创刊。小三十二开本,每期六十余页。这是沦陷时期上海出版的文学期刊中最后创办的一种。

20世纪40年代在华北沦陷区与上海沦陷区,"散文、随笔的成功是在其他体式之上的"(楚天阔:《一九四〇年的北方文艺界》)。

《文帖》是一个"纯粹散文"的月刊。

二

第一期《发刊词》编者写道:

> 我国原是一个诗和散文的国度,尤其是散文,在我国有着

特殊的发展,周秦时代的诸子百家的文章已开其端,到得两汉和六朝,便展开了中国散文在文学上的大道:豪华的,古朴的,绮丽的,柔婉的,冲淡的,纤情的,幽逸的……各展所长,各有特色,合而构成了中国散文在Style上种种不同的风格,而且各个独立的在发展着。

新文学运动以后,由于西欧学术思想的输入,我国新文学的领域突然为之扩张,因此其对我国散文的发展,也有着很大的影响。其中出现在最近二十年来的中国文坛上的散文,便是周作人先生所提倡的"小品",鲁迅先生所提倡的"杂文",以及"速写"与"报告","掌故"与"笔记","杂考"与"漫谈"等等多方面的样式(Form)的产生。这是一个可喜的现象。

不过以目前的文坛而论,现在的散文又走上了极其狭窄的道路了,也许是为了时代使然吧?有好些散文作家都踏上了怀古念旧,淳朴清淡的小路上去了。可是目前的时代果真"如此这般"地限制着散文的发展吗?那是决不会的,而且不能!我们为了要把现在这个散文停滞不进的时代打破而使其回复到充分自由发展的大道上,于是我们便决定创办这个小小的纯散文月刊。

编者说,"我们在文学上的见解,也许各各不同,但在目前这个破碎的时代里,以一颗至诚的学术信心为现代的文艺界耕耘工作,则却是一致的。"强调"只要作品是诚实的发抒,生活实感的绘录,阅读见闻的记述……都可作为现时代生活的反映",提倡"对于民

《文帖》创刊号刊影　　　　　《文帖》创刊号版权页

族、社会、国家都是有益的""纯文学"。《本刊凡例》说明：刊物所揭载的以散文为限。虽则以散文为限，但它的范围却很广大，"希望能从此将现代散文的领域更加扩大"。

同期《编辑后记》将全期所收的二十一篇散文，除《发刊词》外分为七辑，即"短论""读书志""速写""杂考""小品""漫谈""游记"，并指出它们各自的特色所在："'短论'与'漫谈'都是现代散文领域里新兴的产品。'短论'近于评论，但较评论简明有力，'漫谈'则又近于随笔，但比随笔更来得（精）炼化。'读书志'是批评的净化的结晶，它舍弃了批评的'严肃的外表'，而留存着批评的'神髓'，以随意的笔调，述说意见，浅出深入，读者易于明了。'杂考'亦即考证，大至整部巨著，小至一言一字，都可取材，因此便成了'杂'。但'杂'得仍有系统、条理。"

第二期《编后余谈》中编者说:"每期选稿,均以现代的散文为主,而以絮语、短章为附。文笔方面是广杂的,清新温柔者有之,豪放壮峻者亦有之,冲淡隽永者有之,华丽抒情者亦有之。凡现代散文所有的各种样式及其风格,我们都希望能集其大成。"同时申明:《文帖》"既不想附庸'风雅',拿本刊来作'小摆设'以供雅人的观摩;但更不想以'大众'为标榜,而拼命迎合'低级趣味'"。

三

编辑杨桦,又名杨之华,广东人。《中华日报》文艺副刊主编。他在第一期《编辑后记》中说:"本刊虽非同人杂志,但以'志同道合'的关系,也颇能集中十来二十个人以为本刊撰著的基础。"《文帖》作者大多为沦陷的上海和北平的文化人。前者有周越然、陶晶孙、傅彦长、张资平、柳雨生、文载道、钱公侠、路易士、何若、予且、鲁宾、马博良、洛川、王予、胡金人等,后者有知堂、赵荫棠、南星(林栖)、毕树棠、雷妍、李道静、萧人(朱肇洛)等。日本人内山完造发表过《上海漫语》。

周作人(署名"知堂")的《关于宽容》,写于1945年1月。《再谈禽言》文末注"乙酉,夏至节",应是1945年6月22日。十年之前,1935年9月,知堂曾有《关于禽言》,"再谈"即由此而来。两篇文章中大段典籍野史的引文及点睛式的评说,心绪与学识杂糅,自是知堂文体特色。

文载道的《癌》,由风"唤起乱世的漂泊畸零之感",慨叹"生命于我们恍如一个'癌',静静的慢慢的等待着灭亡与腐蚀"。柳雨生的《杨坊之流》,从左宗棠清同治初年奏折中写浙江"田土荒芜""炊烟断绝"的惨景,引起"我们发生相同的忧戚和悲愁",说到发国难财的"杨坊之流"。

燕雯《独语》:开启记忆的小扉,"'人生一个梦。'这一句简单的话却是很准确的。以往是一个已破碎了的梦,未来是一个没有捉摸的梦,而现在是处在一个未完的梦中"。僢子《梦游帖》:"每一个春宵都做了心灵的梦游人","在屋内天天温读古旧的书卷,嗯,这些都是古旧的:槐花的清芬,蔷薇和丁香的颜色,鸽哨,歌唱,一切一切,不都是昔日的梦寐吗!"

一庭悲雨,半帘风絮,怀古念旧依然是《文帖》的主调。国家民族遭受异族蹂躏,自己却苟安一时,难以剥离的现实困境,决定了《文帖》作者文字的忧郁和哀伤。

《梁山伯与祝英台》和《释"背"及其他》,落笔于文献掌故:一考东晋时实有梁祝此事,并非一无根据的传说;一从元曲一个词的起始意义考释,兼及其他。

萧人的《文坛登龙新术》和罗樾的《登龙三术》意在讥刺文坛时弊。

路易士的《释诗及其他》是对张爱玲品评的回应。张在《诗与胡说》中评论路易士的诗作,认为《散步的鱼》"太做作了一点"。她很欣赏路易士的《傍晚的家》:"傍晚的家有了乌云的颜色,/风来小小的院子里,/数完了天上的归鸦,/孩子们的眼睛遂寂寞了。/晚饭时妻的琐碎的话——/几年前的旧事已如烟了。/而

發刊詞

編者

我國原是一個詩和散文的國度，尤其是散文，在我國有著特殊的發展，周秦時代的諸子百家的文章已開其端，到得兩漢和六朝，便展開了中國散文在文學上的大道：豪華的，古樸的，綺麗的，柔婉的，沖淡的，戀情的，幽逸的……各展所長，各有特色，合而構成了中國散文在 Style 上種種不同的風格，而且各個獨立的在發展著。

新文學運動以後，由於西歐學術思想的輸入，我國新文學的領域突然為之擴張，因此其對我國散文的發展，也有著很大的影響。其中出現在最近二十年來的中國文壇上的散文，便是周作人先生所提倡的「小品」，魯迅先生所提倡的「雜文」，以及「速寫」與「報告」，「掌故」與「筆記」，「雜考」與「漫談」等等多方面的樣式（Form）的產生。這是一個可喜的現象。

不過以目前的文壇而論，現在的散文又走上了極其狹窄的道路了，也許是為了時代使然吧？有好些散文作家都踏上了懷古念舊，淳樸清淡的小路上去了。可是目前的時代果真「如此這般」地限制著散文的發展嗎？那是決不會的，而且不能！我們為了要把現在這個散文停滯不進的時代打破而使其回復到充分自由發展的大道上，於是我們便決定創辦這個小小的純散文月刊。

我們在文學上的見解，也許各各不同，但在目前這個破碎的時代裡，以一顆至誠的學術信心呈現代的文藝界耕耘工作，則卻是一致的。無論是誰的作品，只要那些作品是誠實的發抒，生活實感的繪錄，閱讀見聞的記述……都可作為現時代生活的反映，因此也就值得留下一個印痕。

誠然，「慘爛的文化」，「偉大的作品」有待於未來。可是目前的目前一般沒有人注意到，發生種種呼號；然而對於人類更為重要的精神食糧却至今沒有人注意到。誠然，「慘爛的文化」，因此我們更感到戰中文化食糧的重要。所以更鼓足了勇氣來工作。

1

《文帖》发刊词

在青菜汤的淡味里,/我觉出了一些生之凄凉。"也喜欢《二月之雪》和《窗下吟》,说:"路易士的最好的句子全是一样的洁净,凄清,用色吝惜,有如墨竹。眼界小,然而没有时间性,地方性,所以是世界的,永久的。"因为读到了这首诗,她"就连这人一切幼稚恶劣的做作也应当被容忍了"。路易士并不认同张爱玲的意见。路易士认为《二月之雪》写得不如《傍晚的家》自然,《窗下吟》自己并不满意。他说,"《散步的鱼》是我的好诗之一","一字不可增损","是一个'经验之完成'"。

四

《文帖》每期都有周越然的文章。

周越然(1885—1962),原名周之彦。浙江吴兴(今湖州)人。早年曾在江苏高等学堂、安徽高等学校和上海中国公学等校执教。1915年入商务印书馆编译所,至1932年,编译各类英语教科书和参考辅助读物三十余种。

20世纪上半叶,周越然是读书界无人不知的大藏书家。他因编著的英语读本常年畅销,获得巨额版税,购置大量图书。1943年杨桦编《文坛史料》一书,汇集有关新文学著名作家、刊物和社团流派的"文坛掌故",内有希平的《记周越然》。作者以为令周越然"足以自豪"的有四件事,"门下有三位高徒""酒量大""不愿做官"三件之外,第四件就是"藏书之富"了。文中说:"拿书的形式来分类,一是直竖本的外国书,一是横捆本的线装书。拿书的内容

周越然　　　　　　　　　《谈〈游仙窟〉》首页

来分,有天命之谓性的庄严书与食色之谓性的诙谐书两种。拿书的版本来说,有外国古本,中国宋元明版,中外绝版三种。廿一年闸北大火,损失不知多少,但是现在到过他的藏书室里的人,还是叹为观止,尤其是经史子集里的单页宋版和明本的《金瓶梅》一类的伟大收藏。"

今人躲斋在《一位饱受非议的藏书家——周越然》文中,将周氏藏书特点概括为广涉西书、有所侧重(性学),不囿于一、唯善唯罕,关怀当代。这里约略转述:

周氏锐意穷搜性学著作及其相关的词曲小说,如《金瓶梅》的版本即多达十数种。同时中西并蓄,外国的性学著作,尤其是18、19世纪欧洲的性书和以性描写为主要内容的小说也搜罗庋藏。

周氏搜求图籍大多出于兴趣,常取人所不取,或人所不知而他认为有价值的奇书僻书。

周氏重视版本，但并不唯宋元是尊，即使是宣统刊本，只要所刻精良，亦列入善本，一反陈见。

周氏注目当代，目光不仅着眼国内，也延展于域外。当时一般藏书家视之如草芥的清末民初的小说，我国最早出版的"科学小说"，他都有收藏。这些著作为世稀见，都是极为重要的资料。

躲斋认为，周越然因藏书而横遭非议的缘由，主要是他的藏书理念得时代风气之先，而与传统观念多所抵牾，已不为世人理解。加上他对性学著作的竭力搜求，更不能为传统藏家以至学界容忍。他还喜欢选择某些性学著作，或介绍，或译述，公诸报端。这类短文，后集为一部《性知性识》出版。周越然的这类举措，在20世纪30年代，自然招致抨击，横遭物议，饱受讥讽。

周越然的散文取材庞杂，但与中外书籍有关的为多。《文帖》所刊全是藏书家的书话，谈古书版本流变及伪赝"古书"的识别，自具特色。《谈〈上林春〉》说明《上林春》没有刻本，写本也很少很少，简介稀有的明剧抄本并家藏写本状况。《〈中东大战演义〉》指出全书半虚半实，非历史而是小说。文中特别介绍了"四本头"，清光绪年间一种小石印本的版本形态。《谈〈游仙窟〉》评《游仙窟》三种版本，海宁陈氏慎初堂校印本之"卷首题要"，"虽只四百余字，实开后来研讨之门"。《关于〈皇明诸司廉明奇判公案〉》根据书目，将所藏的《皇明诸司廉明奇判公案》与日本帝国图书馆和内阁文库两种藏本比较，或行格或分类不同。著者的原序在日本已失，作者特意录出。《白雪遗音》一书作者收藏的是玉庆堂写刊本，言"此书最不易得,各收藏家及嗜歌曲者,总以未见为憾"。"我同时购获两部,一白纸,一黄纸。前者自己留用,后者让与郑君(振铎)"。《谈〈游仙窟〉》刊出之后,北平读者朽木有关于《游仙窟》又一版本的补充,编者将补充文字和周越然的回复一并在《文帖》的《作者通讯》栏刊出,足见编者对作者和读者交流互动的重视。

周越然的文章举证周详,论列精细,半文半白,亦庄亦谐。读者的反应是"既明白,又可靠"。希平说:"周氏的中文,根底很深。早年考取秀才,吴兴人目其为神童,几篇策论,着实出色。当时人佩服他的策论,正如现在人崇拜他的文章一样。由于在外国文上享了大名,反而把本国文掩住了。"(《记周越然》)

1949年后,周越然在上海水产学院任教,1955年辞归,七年后病逝。主要著作有《书书书》《版本与书籍》《六十回忆》等。

五

《文帖》第一期4月出版,每本定价二百五十元,当时相当于一包香烟的价钱。但随着印刷工本大涨,5月出版的第二期就涨价至四百元。7月,第四期又增至六百元。百物昂贵,印刷成本很难收回。编者慨叹:"倘若以大饼为单位,则本刊一册,仅仅两个大饼而已,'不亦悲乎'?"(第四期《编辑室随笔》)第五期出版,编者在《编后记》中说:"现在已是本刊第五期编毕付印的时候了,再出一期,第一卷便可告一段落。"但这个愿望也成泡影,第六期胎死腹中，8月《文帖》即告停刊。预目中知堂的《失去的原稿》和周越然的《绝对与续对》未能刊出；南星的《丁香雨》第五期只登了一半，有始无终；计划每期刊载的现代作家书简或日记，施蛰存的《致望舒》成了这个系列的第一篇，也是最后一篇。

黎明社与《黎明》

一

抗战烽火中,中国大学向内地迁移,历尽艰辛,弦歌不辍。

浙江大学从杭州撤离,"经过四次大的搬迁,行程两千六百余公里,足迹遍及浙、赣、湘、桂、闽、粤、黔七省,于1940年1月到达黔北,在遵义、湄潭、永兴等地坚持办学,直至抗战胜利"(李曙白等:《西迁浙大》)。

小城遵义因为大学生人才群体的到来,众多专家、学者、文化名人的集中,各种社会团体的建立,报纸、杂志的出版,一时人文荟萃,打破了平静沉寂又单调闭塞的社会文化生活状态。

1944年年初,遵义的浙大学生组织了一个文艺社团黎明社。负责人杜苕(1921—),原名杜念绍,又有笔名萧龙、苕之华、杜苕、苕子等。浙江青田人,生于杭州。黎明社的成员有朗焚(孙筱祥)、朱心(吴福熙)、蒋炳贤、卡斌(杨孔娴)、严石蒲、丽砂、申奥、曹湘渠、莫洛（马骅）等（范泉：《中国现代文学社团流派辞典》）。

这年7月，戏剧家熊佛西率领的西南文艺垦殖团（简称"文垦团"），也来到遵义。文垦团中有作家、画家和音乐家，如端木蕻良、许幸之、陈迩冬、张光宇、张正宇、马思聪等。他们受到浙大校长竺可桢和学生们的欢迎。浙大文学院教授张君川是端木蕻良的清华同学，彼此都很熟悉。他热情支持浙大学生的文艺活动，组织了现代文学班，邀请文垦团作家讲课。诗人方敬讲了"文学创作技巧"，端木蕻良讲了"《科尔沁旗草原》的创作经过"，诗人节晚会又讲了"屈原生平及楚人历史"。熊佛西、端木蕻良、张君川和贵州籍作家蹇先艾都参与了黎明社的活动。

《黎明》是黎明社主办的文学月刊，端木蕻良介绍了一位银行界民主人士捐款资助，创刊号在1945年12月1日出版。小三十二开本，土纸印刷。封面显示要目，黎明社出版兼发行。

二

《黎明》创刊号有《编前校后》，编者说：《黎明》"虽然它的分量是这样轻微，可是我们心里有的是喜悦，有的是草创的欢喜。我们从着手筹备直到第一期出版，一共只是二十天光景的功夫，贫乏和草率是不待言的。终于促使我们把它印出来了的原因，只因为一种微弱的声音终究比死死的沉寂好一点的自信。"第二期的《编后》，年轻的编者更抒发了与年轻的朋友"共同开辟出一个更接近

《黎明》创刊号刊影　　　　　《黎明》创刊号版权页

真善美的天地"的美好愿望：

当大风雪随同黑夜离去，黎明是要再来的。它是一定要来的，它要带来新的光，新的喜悦。这样，在苦难的祝福里，黎明终于又迟迟的降临。

在黎明，我们开辟了一块小小的园地。这一块小小的园地是供献给年青的拓荒者的。当漫天的烽火已经熄灭，政治的霾云也将要被驱走，让青年们用他们自己的力量，种下一颗新的种子，去迎接那新生的年代。

将愿景的实现寄托于"年青的拓荒者"：

在我们的小园地里，这些年青的拓荒者对于读者们也许完全是陌生的。但我们却一点也不担心他们名字的生疏会影响到什么，因为这个园地本来就是他们的。我们且为他们欢喜，愿为他们祝福，愿和他们共同努力。以后，这块小园地里，将会有更多年青的拓荒者出现。我们且希望，这些年青的拓荒者将为了真理，为了人生，为了那新生的年代，而联合起来，共同开辟出一个更接近真善美的天地。

三

《黎明》出版时抗战已经胜利，浙江大学正准备迁回杭州。

第一期印了五千册，卖出去的多半没有收回书款。第二期是黎明社同人卖掉衣物集资出版的。封面刊名《黎明》之下，加"青年文艺"四字。出版时间是1946年2月15日，出版兼发行为黎明社，与第一期相同。三十二开，但比第一期开本稍大，土纸印刷。第三期与第四期为合刊，封面上"青年文艺"四字去掉。1946年5月4日出版，仍为土纸印刷，开本改为十六开。第一、二期的版权页均没有编辑者的姓名，合刊则标出"编辑人杜苕"。这一期刊有《紧要启事》："兹以本社复员在即，《黎明》自第五期起暂时停刊，迁杭后再行复刊。"

《黎明》共出四期（三册），刊载的作品：小说有朗焚的《草台戏子》、胡蜂的《回响曲》、吴骞的《圈套》；散文有端木蕻良的《水仙私记》、蹇先艾的《送行》、胡明树的《人日》，杜苕的《山居随笔》、丽砂的《夜》、朱心的《月夜篇》;诗有端木蕻良的《写在十二月九日》、胡明树的《今朝》、许幸之的《夜和黎明》、方敬的《众生之路》、彭燕郊的《给水站》、包白痕的《凭吊》、朱心的《没有眼泪的人》、寒草的《草原上》;论文有蒋炳贤的《英国散文作家黑特逊论》、余也的《新现实主义的方向》、朗焚的《泪的人生和艺术》、萧龙的《艺术的模仿》等。此外,尚有荷蕊丝、陆金士、甘斌、吴浪沙、严石蒲、陌君、范康、亦水、柴扉、薇子、然明等人的作品。大学办的刊物,翻译文章往往占较大比重,仅第三、四期合刊就有穆木天译雨果的《在维勒其叶》,谢文通、田德望、端木蕻良等译的《译诗十二首》,杜苕译高尔斯华绥的《一位小说家的寓言》,萧龙译哈代的《儿子的否定权》,廖忠管译弥尔登的《沉沦的天使》(《失乐园》第一章),陈建耕译保尔·范勒里的《范勒里论诗》六篇。

　　朗焚的《草台戏子》写的是流浪在农村的戏班,简陋的舞台,破烂的戏服以及演员们近乎乞丐般的生活。文中没有连贯的情节和人物,抒发的是作家由草台戏子引发的思索。他问:"谁敢在人间像他们在戏台上那样尽情地哭,尽情地笑,尽情地叫,尽情地骂呢?"那些画着面具的戏子,在舞台上所过的是血性底真性情的生活,"而那些没有画着面具的人们,却偏偏一天一天地在扮演着各式各样的戏剧!"从而感叹:"真的,我们实在是在做戏,而他们却在做人"。

　　蹇先艾的《送行》是1940年7月写的一篇短文。蹇先艾,贵州遵义人。1926年前后活跃于北京的青年作家。"七七"事变,故都沦

《黎明》第二期刊影　　　　　　　《黎明》第三、四期合刊刊影

陷,他一家老小回到贵阳;因为敌机轰炸,又疏散到了龙场;再因为生活所迫,全家不得不离散,妻子和三个孩子返回故乡。1945年11月2日,他把这篇短文抄给《黎明》,在《附记》中记下自己新的感触:胜利是一回事,乐观又是一回事。"否极可以泰来,然乐极亦可生悲。"作家已经看到聚集而来的战争的阴云。如许幸之所言:"原来恶魔打算在黎明之前扼杀雄鸡,不让它的啼声把安睡着的太阳唤醒。"(《夜和黎明》)

《黎明》第三、四期合刊有《艺文简讯》栏目,多则消息集中报道当时上海、重庆、广州、香港、福建、贵州等地的文艺动态。如第一则:"胜利后,文化工作同志为适应时代需要,大量出版民主杂志,目前销行的已有:沈钧儒、宋云彬主编的《民主生活》,陶行知、邓初民主编的《民主星期刊》,李公朴主编的《民主教育》,熊

佛西主编的《民主时代》,张西曼主编的《民主与科学》,罗隆基主编的《民宪》,严信民主编的《人民时代》,章伯钧主编的《中华论坛》,施复亮、胡厥文和黄炎培主编的《平民周刊》,张雪岩主编的《田家半月刊》及储安平主编的《客观》,文萃社主编的《文萃》等,数目在二三十种以上,诚为我国文化史上值得注意的一件事。"如此之多的民主杂志的创刊,可见当时争取民主浪潮的风起云涌。作家(其中不少是《黎明》的作者)创作和行踪也是简讯报道的一个重要内容,如方敬在贵州大学执教,兼编《大刚报》文艺副刊《阵地》,丽砂在《渝北日报》,胡蜂在汉口编《华中时报》副刊,包白痕在昆明编《火星文艺月报》,许幸之执教于璧山正则艺专,陈迩冬任教建川中学,魏荒弩在陕西城固西北大学等,从一个侧面反映了刊物的影响。

四

《黎明》的作者和译者大多为浙大学生。学者、作家中除端木蕻良、蹇先艾、穆木天外,还有以下诸位:

许幸之(1904—1991),原名许富达,江苏扬州人。1924年留学日本,回国后发起成立时代美术社。1930年参加"左联",并任中国左翼美术家联盟主席。后转入电影界,从事编导和美术工作。1942年后,在大学任教。

谢文通(1909—?),字华庄,广东广州人。早年随父母到英国,后回国就读于岭南大学、燕京大学。留学美国,1936年回国,先后任教于西安临时大学、北京大学、西南联大等校。1942年为浙江大学教授。一生致力于英译中国古典诗歌的研究与探索。

田德望（1909—2000），河北完县（今保定顺平县）人。1935年清华大学外语研究所毕业，后去意大利、德国留学，获佛罗伦萨大学博士学位。1940年回国。当时在浙大教授英国文学史，《黎明》上有他翻译的约翰·巴斯古里的诗《在丛莽中》。译笔准确，文字清雅。晚年田德望的《神曲》翻译，是一项为人称道的"壮举"。但丁的《神曲》，1925年由钱稻孙译成中文。五十多年间中文译本虽有七种，但是或不完整，或从英文等文字转译。1983年，七十四岁的田德望决定直接自意大利文翻译。这个巨大的"工程"历时十八年在2000年完成，两个月后田德望去世。田译本的注释性文字多于文本文字四倍，堪称中国翻译史上研究型翻译的绝笔。

方敬（1914—1996），四川万县人。1935年入北京大学外语系。毕业后在大学执教，一直从事文学创作和翻译。1945年任教贵州大学。

胡明树（1914—1977），原名徐善源，另有笔名徐力衡、陈姆生等。广西桂平人。1934年留学日本，入东京法政大学，与人合编《文艺科学》。1937年8月回国，在桂林创办《诗》月刊。

丽砂（1916—　），原名周平野，另有笔名平野、群力。四川江津人。战时从事抗日救亡活动，曾编辑《诗焦点》。

包白痕（1917—　），原名包崇章，笔名另有白痕、苦丁、辛茹等。浙江三门人。有诗集《无花果》《布谷鸟》等。1944年在昆明从事文学社团组织和书刊编辑出版工作。

彭燕郊（1920—2008），原名陈德矩，福建莆田人。1937年开始在《七月》发表作品。1940年到桂林，从事抗战文化活动。

五

范泉《中国现代文学社团流派辞典》载：1946年黎明社骨干成员随校返回杭州之后，与伍隼（夏钦翰）、唐湜、圣野、鲁兵、斯宝昶等会合。他们在上海经丰村介绍，结识了吴视、杨波，参加了上海文协的一些活动，又经袁鹰、丁景唐介绍，与上海之江大学的文艺青年会面。这时，文艺界的朋友都希望《黎明》复刊。适逢作家骆宾基赴东北之前在杭州见到杜苕，将他写的多幕剧《五月丁香》的原稿交给杜苕。杜苕等商议决定1947年复刊《黎明》，并把《五月丁香》作为复刊号的重点作品。复刊号编成并交印刷厂，但因当局查禁，最终未能出版。黎明社也随之解散。

20世纪80年代初，端木蕻良曾有小词一首追怀四十年前遵义的生活：

楼头夏雨雨初晴，柳外云消一虹明，黄鹂已闻两三声。念平生，隔树隔花通友情。

诗人忆念的友人中当会有黎明社学子年轻的身影。

《文章》中的文学和文学之外的文章

一

抗战胜利后在上海创办较早的文化刊物是《文章》，上海文章社编辑出版，永祥印书馆发行。三十二开本，每期一百二十余页。封面设计池宁。共出四期，各期封面期号的标示及出版时间如下：

第一期　　　封面标"创刊号"　　　　1946年1月15日
第二期　　　封面标"三月号"　　　　1946年3月15日
第三期　　　封面标"四五月号合刊"　 1946年5月15日
第四期　　　封面标"第四期"　　　　1946年7月15日

二

《文章》的实际主编是吴天。范泉在《一段受尽磨难的艰苦经历——我在永祥印书馆工作的回忆》中记述：

吴天，中共党员，原名洪为济，笔名方君逸。在1937年我编《作品》半月刊时曾经发表过他的报告文学《殖民地的故事》，用的是"洪为济"的名字。当时他在马来亚从事抗日救亡和革命戏剧工作，组织和领导当地抗敌后援会。1938年加入马来亚共产党后，因受到英国殖民当局的通缉，被迫回国，在上海转入中国共产党，继续从事革命戏剧活动。1944年我编《文艺春秋丛刊》时，经孔另境介绍而来往，他曾为《丛刊》写稿。日寇投降后，我把他编的这一期刊，纳入编辑部计划，以文化综合性刊物的面貌出现。

画家蔡若虹在《上海亭子间的时代风习》中回忆他这位同学兼好友：扬州人洪叶，后改名吴天，当时上海美专学生会主席。"他年纪比我小，是一个才华横溢、锋芒毕露、说话与走路都带有节奏感、颇有诗人气质的年轻人"。1949年后从事电影导演。蔡若虹说，"由于一次不幸的婚姻而发生了悲剧，他患了严重的忧郁症"，不久，就郁郁不乐地与世长辞了。

《文章》的主要作者有郭沫若、田汉、夏衍、陈烟桥、蒋天佐、景宋、周建人、赵景深、徐迟、魏金枝、周贻白、朱维基、凤子、李健吾、于伶、艾芜、蔡楚生、任钧、端木蕻良、吴岩、于在春、欧阳山尊、沙汀、许席珍、赵丹、史东山、吴祖光、王西彦、林焕平、叶以群等，作画（包括木刻）的有叶浅予、丁聪、新波、李桦、罗清桢、王琦、章西厓、吴作人、朱鸣冈等，大都是左翼作家和画家。

《文章》创刊号刊影　　　　　　《文章》创刊号版权页

于伶《既是有》一诗,其中有句:"既是有,那么多人共命运,/就别老是坐着诉说你的不幸。/振作起来,行,斗争!"

这也是《文章》编者的态度。

三

《文章》创刊号《编后》说明:"本刊是以文化综合性为遵轨,以严肃的观点,用通俗的笔法,来尽推进文化运动的一点力量。"内容以文学艺术为主,文艺创作与评论并重。

刊载的小说有《阴霾》(王西彦)、《独乐乐》(魏金枝)、《委屈》(艾芜)、《自由》(沙汀)、《五年》(以群)、《冰糖葫芦》(景宋)等,诗歌有《写在十二月九日》(端木蕻良)、《"活鱼们"的悲喜剧》（任钧）、《大地颂》（蔡楚生）等，散文有《宵禁解除之夜》（吴祖光）等，还有电影故事《江南恋》（赵丹）及《苏沃洛夫》的传记连载。

李健吾的《王德明》系根据莎士比亚的《麦克白》改编，从第一期连载至第四期。上海"孤岛"和沦陷时期，改编剧数量之多实属空前。一种是将小说、诗歌、电影等文艺形式的作品改编为话剧；一种是将外国剧作家的作品"改头换面"，成为一个新的作品。中国的剧作家选择有抗战意识的题材，诉诸历史隐喻，"借他人酒杯，浇自己块垒"，对民族抗战略尽微薄。这一时期，李健吾改编的剧本至少有九部，《王德明》是他自己最满意的两部之一（另一部是根据《奥赛罗》改编的《阿史那》）。剧本以混乱的五代时期为背景，讲述了一个忠臣的故事。李健吾说，上海沦陷之后，"我就绝笔不写创作，只靠改编外国剧苟且维持生活"。"王德明是五代人，我改时下了一番功夫，几乎等于创作"（1981年7月16日致柯灵信）。李健吾认为，改编是"利用原作的某一点，把自己的血肉填进去，成为一个有性格而有土性的东西"（《〈大马戏团〉与改编》），他希望改编后的剧本"百分之百是中国的"，同时"莎士比亚在这里获得同等的分量"（《〈阿史那〉前言》）。当时这部剧由黄佐临、柯灵等人组织的苦干剧团演出，佐临将剧名改为《乱世英雄》。

文学史家司马长风充分肯定李健吾外国名剧的改编。他说，改编剧本"一般人以为并非完全创造，多不大重视。但李健吾的改编剧本，则当别论。因为他只借重原著的骨骼，完全以中国的风土，创造出崭新的人物、氛围和意境。那是化异国风情为中土本色的神

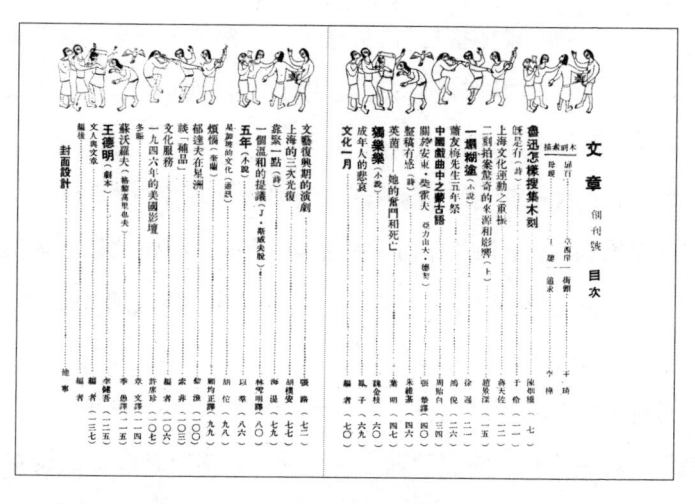

《文章》创刊号目录

奇，不留一丝一毫的斧凿痕迹"。（《中国新文学史》）陈白尘、董健主编的《中国现代戏剧史稿》评价李健吾："他不是简单地译介引进，而是进行精当的吞吐取舍。他所改编的十多篇剧本，除了努力发掘现实意义，注入时代精神外，还从剖析人性的角度出发，深入开掘人物的内心世界，弥补了原作偏重于情节奇巧而忽视性格刻画的不足。同时，他十分尊重中国观众的民族审美欣赏习惯，使许多外国名剧从内容到形式都'中国化'了。"进而指出："李健吾改编外国名剧的成就，为中国现代戏剧在与外国戏剧的联系、沟通中开辟自己发展的新道路积累了经验。"

第一期蒋天佐的评论《上海文化运动之重振》，总结了从抗战开始到日寇投降上海文化的三个阶段的特点，阐述了胜利之后上海文化运动的四个问题，结语是要实现上海文化的重振，一个先决条件是"政治上的民主自由"。蒋天佐（1913—1987），原名刘健，另有笔名史笃。江苏靖江人。当时为中共上海文委的主要领导成员。

四

《文章》关注的目光也延伸至文学之外的领域。

胡朴安的《上海的三次光复》、周贻白的《中国戏曲中之蒙古语》、严工上的《尖团音杂谈》、张骏祥的《闹剧与伤感剧的导演》、尹之的《俄国舞踊的历程》、陈烟桥的《论文艺复兴期的绘画》、李绿永的《冼星海的创作道路及其功绩》、林轶今译的《英国的电影音乐》、许席珍的《一九四六年的美国影坛》等，涉及历史、语言、戏剧、舞蹈、绘画及音乐等多样内容。《石挥蓝马对谈》是两位演员的对话，他们是至好朋友，从儿时记忆说到演剧经历、恋爱家庭，亲切随意，坦诚率真。周建人的《螟蛉虫》、毛心一的《所谓活动房屋是怎末一回事》和许席珍译的《原子弹的制造经过及其幕后人》等科普文章，扩展了读者的视野。余伯约的《一个历史的错误扩大了》，为时事讲话，分析了美国政局变化。村翁的《无奇不有的上海市参议员选举》，剪辑当时的报章，揭穿选举的"民主"真相。题材广泛，兼容并包，《文章》呈现了丰富多元的审美情趣。

马蒙（吴天）的《中共领袖生活的另一面》，是在国民党统治区公开出版的刊物上介绍中共首脑。作者说："好些写延安的书上写到中共的领袖，然而他们都偏重于政策政纲方面，只在'总'的方面触及这些共党的要人，本文却想从侧面描画他们，虽然写的只是一些零碎的琐事。"文章写毛泽东、周恩来、博古三人的生活起居、衣着爱好、写作习惯、家庭成员，配发了多幅照片。

毛泽东，白天睡觉，夜晚办公。"他跟别人一样住窑洞，不过他有三个窑洞。一间会客，两间卧室。他和他的太太江青（也就是一班人所熟知的电影明星蓝苹），还有一个女孩子就住在那儿"。"他老是穿着那套破旧的军装，不管到什么地方，开什么会都如此。大概是因为伏案工作的原故吧，棉军装的肘部都破了，看得见棉花，然而他并不介意"。

周恩来，亲近的人叫他"胡公"。这是因为长征时他一直不剃胡子，长到垂胸。他"是个非常考究穿衣服的人。可是他的考究绝不是为了讲求漂亮或炫耀别人，而是为了整齐"。"注重礼仪，这是他的特点。""他很喜欢跳舞，而且他的舞也跳得的确不坏"。"他为人彬彬有礼，极有风度"。

博古（秦邦宪），"爱好文艺，勤于写作是颇为知名的"。"博古博于读书，精于典籍。""他也精于麻将、扑克（扑克的各种各式的花样，比如五百分，Show hands, bridge……），甚而至于牌九等等，他无一不精。他有那种天才，极易获得那个诀窍以操胜算"。他打牌"也非常认真，这跟他做学问工夫一样，一点不苟且、马虎"。

叶明的《英茵——她的奋斗和死亡》记述英茵的故事。英茵是银幕舞台的双栖明星。英茵的男友平祖仁，国民党政府在"孤岛"上海的地下特工的负责人，被汪伪逮捕，惨遭杀害。英茵支持平祖仁抗日锄奸的工作。平被捕后，她为营救奔走；平殉国后，又为平的埋葬和家属的抚慰，不计安危，尽心尽力，最后毅然赴死。1942年1

《中共领袖生活的另一面》

月26日,她以二十六岁的生命,写成一部"充满了爱与恨、黑暗与光明交织着的传奇佳剧"。著名作家郑振铎当年在上海见证了这段历史,也曾写下《平祖仁与英茵》,后收入《蛰居日记》。叶明文章刊出后,《文章》第二期《信箱》栏有《关于英茵的奋斗和死亡》,作者王重华自述是与英茵比较熟悉的朋友,"同情她,敬重她"。文章对英茵自杀的原因有所补正。王文认为"真正而切实的原因,莫如用她自己所说的话来解释:'我要休息。'她要休息,那是因为她感到疲倦,她对于生活失掉了自信,她对于困苦失掉了奋斗的勇气和毅力。这种自信、勇气和毅力是一直支持她走向胜利之途的"。话虽如此说,但一个弱女子以死抗争,这种大爱真爱,已是难能可贵了。

怀宛的《海派周刊文坛内幕》是一篇很有趣味的文字。抗战胜利,上海很多小型报停刊,转而有一种十二开的方形、刊名以"海"字开头的周刊出现,销路很好,颇能赚钱,一时竟有七十种之多。彩色封面,有的甚至是彩纸印刷,招徕读者;专登消息式的新闻特写耸动耳目,女星奇闻、女伶艳史、汉奸丑史最为吃香,大卖噱头,登在封面以资号召。文章揭露了这类周刊的底细:"一般稿子的来源不外是,一抄袭,二变化,三造谣"。"这些制作的文章都有一个极引人的题目,使你掏出三百元买上一本,可是看完全文之后,和单看题目的功用差不多,因为除了题目那一句,其余大概都是空话。"周刊种类愈出愈多,需要的稿子也愈来愈多,于是,"文章市场"应运而生。发行人、老板、编辑、写稿人都集合到茶室,即席交易。"有的编辑会到一桌一桌去拉稿,有的写稿人也会拿了稿子到编辑人的桌子旁挨户兜售","一手交稿,一手交钱,钱货两讫,当面交割"。南京路新雅茶店的二楼散座，就是周刊文坛的市场。早在20年代和30年代，新雅已是上海文人雅士的聚谈之所。老文人、新作家，左翼的、自由派的，都有光顾。鲁迅曾应邀在新雅午餐，邵洵美、叶灵凤、刘呐鸥、穆时英、林微音等更是新雅的常客。

"文章市场"抗战之前已经出现。《存牍辑览》（范用编，三联书店出版）录存"二流堂"老板唐渝2001年致范用信，有言："三十年代在上海永安公司四楼有个大东茶室，一些报刊编辑写稿人每天下午四时都到这地方去'饮茶'，一壶茶，一碟点心，各人在此进行稿件交易，或约稿或卖稿，完了各人付各人的账。也可请客，小洋两三毛而已。"

五

《上海图书馆馆藏近现代中文期刊总目》载，刊名《文章》的期刊有两种：一为文章社编辑，1946年1月创刊，即本文所介绍的《文章》；一为文章月报社编辑，创刊时间在1935年4月，也是三十二开本，一期而终。

《读书与出版》的创刊、停刊、复刊与终刊

一

1935年5月18日,生活书店在上海创刊了《读书与出版》。月刊,十六开本,每期八页,折叠式装订,没有单独封面。编辑人平心、寒松,发行人徐伯昕。

创刊号有《创刊漫话——从文盲谈到所谓读书界》,编者说,如果说我们出版这刊物有什么宗旨,那只有两点值得宣布一下:第一是"要替读者和出版界做一个老实的媒婆,一面叫出版界好的货色不至搁在灰尘满布的深闺中做老处女,一面叫读者不必花冤枉钱讨进一只白鸽或杨梅毒";第二是很愿尽力报告一些新书或出版消息。

这一年,发生了《新生》周刊事件。事件的起因是寒松用"易水"的笔名在《新生》周刊第二卷第十五期(5月4日出版)上发表了《闲话皇帝》,泛论古今中外的君主制度。文中谈及日本天皇时

说:"日本的天皇,是个生物学家,对于做皇帝,因为世袭的关系,他不得不做。一切的事,虽也奉天皇之名义而行,其实早就作不得主……日本的军部、资产阶级,是日本的真正统治者。上面已经说过:现在日本的天皇,是一位喜欢研究生物学的,假如他不是做皇帝,常有许多不相干的事来寻着他,他的生物学上的成就,也许比现在还要多些。"这本来是很正常的说法,编者按照国民党中央图书杂志审查委员会规定,先将原稿送审后才发表的。可是日本驻上海总领事借机挑起事端,煽动日本浪人游行示威,又以"侮辱日本天皇"为借口向上海市政府提出"严重抗议",要求"国民党及国民政府向日谢罪","处《新生》作者、编者徒刑"等,国民党政府一一允诺。上海法院判处《新生》周刊主编、发行人杜重远一年二个月徒刑,勒令《新生》周刊停刊,并在暗中不断追查作者"易水"。寒松处境危险,上海无法存身,9月被迫出国。

《读书与出版》大约从第六号起,仅平心一人编辑。年底,出版至第八号(12月16日)。

1936年杂志的期号与前一年接续。开本、装订也同上年,每期为十二页。第十六号(8月)增至十六页。同年11月,邹韬奋因鼓动抗日而遭当局逮捕(同时被捕的有沈钧儒、史良等人),杂志曾一度停刊。停刊期间,卷期编号空缺。

1937年3月16日出版的第二十四期《读书与出版》为复刊号。编辑人改为张仲实、林默涵,发行人仍为徐伯昕。编者说:"读者诸君,好久不见了。这个小小的刊物,毫不吹牛地说,当初的确曾受过广大读者的注意,但是说也惭愧,后来因我们的人力和财力不够,

《读书与出版》创刊号刊影　　《读书与出版》第二十四期刊影

恐怕内容太蹩脚,对不起读者,中途只好停刊。"这里隐去了停刊的真正原因。至于复刊,则是鉴于好多读者来信询问读书的问题,"为了避免一个一个答复的麻烦起见,认为有把这个小小的刊物复活的必要"。(《编辑室》)

编者说,杂志的态度"和从前的一样,仍力求客观公正",内容则有充实和调整,增添下列七项:一是小评论,二是论著,三是各科研究指导,四是书报述评,五是百科问答,六是信箱,七是读书印象或名著提要。杂志每期的格局大体是:"前几页是几篇短评,或抨击当时文化界的逆流,或颂扬新芽的生长,或议论出版界的风气,或激励知识界去正视现实。每期都有几篇书的评介","每期又都有新书月报,收录全国各书店出版的图书;还有生活书店经售的全国期刊一览和生活本版书的几页广告"。(史枚:《记〈读书与出

版〉和〈读书月报〉》)

抗战爆发,生活书店领导机构向武汉转移,姜德明《〈读书与出版〉杂记》说,杂志于"1937年6月停刊"。但据《上海图书馆馆藏近现代中文期刊总目》著录,《读书与出版》出至第二十九期。第二十七期为7月16日出版,第二十九期的正常出版时间当在9月,停刊时间似不应在9月之前,但未见到这一期的原刊。本年每期页码十六至十八页不等,开本和装订与上年相同。

二

抗战胜利,《读书与出版》在上海复刊。

1946年4月5日出版第一期。编辑者读书与出版社,发行者生活书店。编者在《我们想做的事》中明确交代刊物的承续:"《读书与出版》在战前曾发行过,这次应当说是复刊。"只是期号另起,月刊,三十二开本。没有单独的封面,刊名套红印刷。全年共出八期,最初每期二十页,后增至三十余页,约四五万字,主要是介绍生活书店的出版物。

1947年第一期于1月5日出版。编辑者与发行者未变,但开本改为二十五开,单独的封面,彩色印刷。封面上印出要目,并在"第二年"三字上加印阿拉伯数字期数。编者声明:"本刊从这一期起充实内容,扩大篇幅,刷新版面。"下半年起,每期增至七十页左右,容纳七八万字。全年共出十二期。注重评论,原有的书刊广告宣传色彩淡化。

1948年的第一期是1月15日出版的,开始了杂志的第三年。编辑者与发行者,开本和页数,均同于上年。至第九期(9月1日出版)结束。

从1946年复刊至1948年终刊,杂志的主编是胡绳、史枚。

史枚说:"这一年下半年,解放战争的形势发生着根本的变化,上海的环境则更加恶劣起来,生活书店决定主动收缩,一面为未来的新局面准备,所以停止了《读书与出版》的继续出版。"(《记〈读书与出版〉和〈读书月报〉》)

陈原回忆:"抗日战争胜利后,我回到上海,生活书店把原来一个宣传推广的刊物《读书与出版》改成一个以书籍为中心的思想评论的综合杂志,由史枚主编。后来史枚往香港,由我接办。这个杂志的编委会共五人,有周建人、杜国庠、戈宝权、陈翰伯和我。每月聚会一次,定选题,分任务,直坚持到1948年冬,政治环境更加恶化只得停刊。"(《三联书店的杂志和我》)年底,陈原奉命南下香港。

三

《读书与出版》前期和后期的编者,大多是邹韬奋(1895—1944)创办的生活书店和《生活》系列报刊的骨干,中国出版界元老级的人物。

平心,即李平心(1907—1966),原名李循钺,笔名平心、李圣悦、赵一萍等。江西南昌人。1925年考入上海大学社会学系。1937年后曾主编《自修大学》《现实周报》等。1945年与马叙伦、周建人等

《读书与出版》复刊号刊影　　神州国光社出版的《读书与出版》

创建中国民主促进会，任中央委员。1949年后任华东师范大学历史系教授。"文革"初期自杀。1978年平反昭雪。

寒松，即艾寒松（1905—1975），原名艾涤尘，又名艾逸尘，笔名寒松、易水等。江西高安人。1930年复旦大学毕业，即进入《生活》周刊社工作。生活书店的创办人之一。1938年参加中国共产党。1946年在上海曾任《民主》《群众》《新文化》等刊编辑。1949年后，曾任江西省教育厅长、省委宣传部长等职。

张仲实（1903—1987），原名张安人，笔名有任远、实甫等。陕西陇县人。1924年主编《渭北青年》杂志。1925年参加中国共产党。1926年考入上海大学社会学系，同年去苏联学习。1930年回国后，在上海参加《大众生活》的编辑工作。1935年起，任生活书店总编辑，《世界知识》主编。1949年后，任中共中央马恩列斯著作编译局副局长。

林默涵（1913—2008），原名林烈，笔名有林彬、林屿、穆文等。福建武平人。早年从事中共地下工作。1935年曾到日本学习，次年回国。曾编辑《生活日报》《读书与出版》《国民周刊》。1938年后至1948年，先后任延安《解放日报》、重庆《新华日报》、香港《大众文艺丛刊》编辑。1949年后，曾任中共中央宣传部副部长，文化部副部长。

史枚（1914—1981），原名佘增涛。江苏苏州人。早年即从事革命斗争。抗战开始后，曾编辑《新学识》《救中国》等期刊。1939年在重庆任生活书店编辑、《读书月报》主编。同年去新疆任职文化协会，不久即遭军阀盛世才逮捕入狱。1945年9月回重庆生活书店。1946年在上海主持《读书与出版》。1949年后，任职人民出版社、三联书店。

胡绳（1918—2000），原名项志逖，另有笔名蒲韧、卜人。江苏苏州人。1935年在上海参加革命工作。1938年加入中国共产党。曾任《全民周刊》编辑、《鄂北日报》主笔、新华日报社编委、香港生活书店总编辑。1949年后，历任政务院出版总署党组书记、中共中央宣传部秘书长、《红旗》杂志副总编辑、中央党史研究室主任、中国社会科学院院长等职。

陈原（1918—2004），原名陈洪泰。广东新会人。1938年毕业于中山大学土木经济系。曾在新知书店、生活书店、三联书店任编辑。1953年加入中国共产党。1949年后，先后任职人民出版社、国际书店、国家出版局及商务印书馆。

徐伯昕（1905—1984），原名徐亮，又名徐吟秋、赵锡庆等。江苏武进（今属常州）人。1925年加入《生活》周刊，1932年与邹韬奋创办生活书店，任总经理。《抗战》《全民抗战》等刊的发行人。1944年加入中国共产党。1949年后，在出版总署、文化部电影局任职。

四

今日阅读《读书与出版》，过往的书与刊弥漫着历史风尘。

《杂志回顾》栏，刊发杂志的主编对所编杂志的回忆。田汉的《南国月刊》，从最初和妻子漱瑜创刊《南国》周报起笔，写到1925年大革命后《南国月刊》的出现。记叙南国社从最初纯感情的结合走向更有目的意识的结合，到与当时整个进步文化运动的合流。因战乱作者藏书荡然无存，文末期盼：什么时候能搜罗到一套《南国月刊》，"抱抱这失去了很久的孩子"。适夷的《记〈文艺新闻〉》，指出《文艺新闻》以文化艺术的批判和动态的报道为主体，"这确是结合了战斗性和集纳性的，富于创意的尖锐活泼的刊物"。"新兴文坛统治着死的寂寞"，"这寂寞中正蕴积着无限的沉郁"，它"给这沉郁的寂寞掀起了有力的震荡"。寒松的《生活周刊》，总结了刊物的六大特点。张章甫的《世界知识》，记述刊物的几次停刊复刊，在民族的苦难中成长。

萧聪的《文化街沧桑录》，掇拾文化街的旧闻轶事。战前上海四马路及河南路、山东路、交通路一带，书店报馆集中，旧称文化街。从"五四"以前的文艺杂志，鸳鸯蝴蝶和黑幕、武侠小说，商务印书馆与中华书局的竞争，教科书出版比赛，到线装书和碑帖画册出版的日渐稀少，有如啜茶闲话，徐徐道来，文化街的变迁尽收眼底。

陈原（署名"柏园"）的《书堆里的漫步》是一个长篇的连载，分《上图书馆的烦恼》《书在旅行中的厄运》《禁书、禁忌及其他》《图书审查种种》等篇，告诉读者，无论读书、藏书或写书都有可能飞来横祸。这是因为"在独裁政府的眼光里"，"自由的智慧和智慧的自由是最大的敌人"（赫胥黎）。

史枚（署名"子起"）的《书市散步》是若干短篇的集合，每期五七则短文，每则介绍一本或几本书，既有文艺作品（从小说到民间说唱，如韩起祥的《刘巧团圆》），也有自然科学作品（如《物理学的进化》）、少年儿童读物及地图等，更多的是有关政治、史学、哲学的著作（如《列宁文选》《辩证唯物论与历史唯物论基本问题》《近代中国思想学术史》）。褒贬之间，显示了左派立场。晚年的陈原还忘不了当年史枚的文章而津津乐道，"材料那样丰富而观点又那样鲜明"（《记史枚》）。

孙璧如的《上海杂志巡礼》《上海的几个政论杂志》和周哲的《香港杂志巡礼》为杂志的综述；蒋天佐的《读书偶记》、陈敬容的《读书杂记》、署名"绛"的《夜读抄》为书的漫话。衡文论人，各有所长。

涉笔书海，纵意古今。《读书与出版》不是单一的书评刊物，而是以书籍为中心的思想评论杂志。

1979年4月《读书》创刊，策划并主事的陈翰伯、陈原、史枚、范用等，基本上是《读书与出版》的班底。史枚1957年被错划为"右派"，这时刚刚得到改正，出任《读书》副主编。当年办刊，他引导读者注视现实问题，《新中国宪法问题》《中国土地问题》都是他的大作。陈翰伯与陈原是被人称为CC的好友，陈原主持《读书与出版》时，每期必有陈翰伯署名"梅碧华"的《国际时事述评》。沈昌文回忆，《读书》创刊时将办刊宗旨定为"以书为中心的思想评论刊物"，"当是所来有自"。这源头就是四十年前的《读书与出版》。

五

抗战时期，《读书与出版》1937年停刊之后至1946年复刊之前，生活书店在重庆办了一种《读书月报》杂志。十六开本。1939年2月1日创刊，1941年2月第二卷第十一期终刊，共出二十三期（第一卷第一至十二期，第二卷第一至十一期）。头几期由艾寒松和史枚负责，史枚去新疆后，胡绳接编。史枚说，《读书月报》其"性格基本上和《读书与出版》相同"（《记〈读书与出版〉和〈读书月报〉》）。

20世纪30年代，与《读书与出版》刊名相同的杂志，还有上海神州国光社出版的《读书与出版》。主编徐翔穆，发行人曾献声。1933年3月创刊，只出了三期，5月停刊。

《文艺时代》与北平学人的新诗

一

《文艺时代》1946年6月15日在北平创刊,文艺时代社编辑。月刊,十六开本。同年11月终刊,共出六期。

《创刊致辞》编者说:

文艺不仅是个人的灵魂,也是国家民族的灵魂,因为它既有普遍性又有特殊性。历史大部分是谎言,惟有从文艺作品中我们才能看出来一个国家或民族如何萌发,如何滋长,如何受难,如何奋斗,而且,最重要的是,如何预言它的命运并指示它的方向。最古老的荷马史诗和希腊悲剧和圣经中的"耶利米哀歌"等篇到现在仍然光辉灿烂也就是这个缘故。

编者强调:"文艺名著的成功虽然有许多条件,其基本的出发

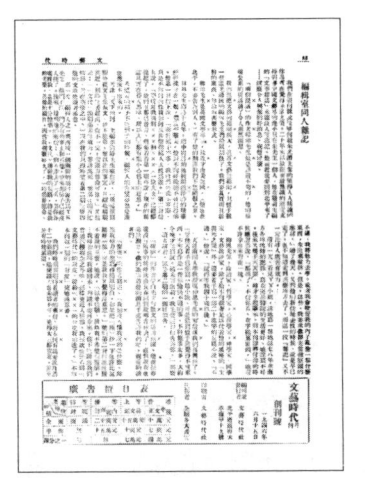

《文艺时代》创刊号刊影　　　　《文艺时代》创刊号版权页

点必须是赤诚,纯真,灵魂的显示。""凡标奇立异或愚蠢造作的作品都会自然地死亡"。而中国文艺界则是:

> 从九年前已经开始枯萎、衰残。战争让每一个人都喘不过气来。战前文艺的蓬蓬勃勃的现象,回忆起来如同好梦。而现在,世界的战争虽然告终了,我们仍然在水深火热中,我们的文艺界也仍然在寒冻期间,离花期尚远。不过我们应该抬起头来的,只要炮火不再毁灭无量数的血肉,我们就要努力让这个"黑暗时代"结束,开始有意义地"生活"下去。

因之,编者认为:"《文艺时代》的创刊是有其必然性的"。

二

《文艺时代》连续刊载了吴兴华有独特艺术追求的诗作。

1941年吴兴华燕京大学毕业，留校任教。燕大内迁，他因身体不好而滞留北平。抗战胜利，燕大复校后回校。早在抗战前夕，吴兴华就开始了新诗创作。处女作《歌》发表在《小雅》诗刊，戴望舒主编的《新诗》上则有他的《森林的沉默》。学者周煦良记述他阅读这首诗的感受："就意象的丰富，文字的清新，节奏的熟谙而言，令人绝想不到作者只是十六岁的少年。"（《介绍吴兴华的诗》）沦陷时期吴兴华在大量的翻译之外，还在《燕京文学》《辅仁文苑》等刊物上发表了《刘裕》《刎颈行》《哀歌》《秋日的女皇》《柳毅和洞庭龙女》等诗作。抗战胜利之后，他郁积的诗的创造力有了一次总的爆发：先有《筵散作》等九首诗登在《新语》，后又在《文艺时代》上刊出《演古事四篇》（《吴王夫差女小玉》《解佩令》《盗兵符之前》《北辕适楚，或给一个年青诗人的劝告》）、《诗四首》（《书樊川集杜秋娘诗后》《大梁辞》《听梅花调宝玉探病》《长廊上的雨》）和《西珈》等多部长诗。吴兴华成为当时华北诗坛出类拔萃的校园诗人。

《新语》杂志在发表吴兴华的诗作同期，配发了短评《介绍吴兴华的诗》，主编周煦良从当时诗坛的现状与走向出发，指明吴兴华诗歌的时代意义："诗又恢复为明朗的声音；坦白说出，而所暗示的又都在"。"在中国诗坛上，我们都认为，他可能是一个继往开来的人"，"从他的作品里，读者会看出，他和旧诗，和西洋诗深缔的因缘；但他的诗是一种新的综合，不论在意境上，在文字上。""新的综合"，当指吴兴华在借鉴中国古典主义诗歌传统、融合西方诗歌艺术手法方面所做出的贡献。周煦良乐观地断言："新诗在新旧气氛里摸索了三十余年，现在一道天才的火花，结晶体形成了。"

新诗创作在吴兴华众多成就之中无疑是最为突出的。然而，1949年之后吴兴华的声名一度杳如黄鹤，成为"被冷落的缪斯"，看不到有关他的片语只言。一直到"文化大革命"结束，吴兴华悲剧人生与卓绝才情才逐渐为世人所知。吴兴华诗作的研究近年也受到越来越多的学者关注。

张望在《抗战时期的华北文学》中将吴兴华的诗从形式方面分为四类：用现代语言写就的"新绝句"和"新律诗"；五步无韵诗（素诗体）；借鉴五言古诗形式的作品；多方尝试采用西方的诗歌形式的创作。

《文艺时代》上吴兴华的诗，大都属于五步无韵诗一类。卞之琳称之为用古题材拟古歌行体的新诗。这类"古题新咏"取材历史故事，但诗人以奇诡的想象和逸出常规的视角赋予古典题材以新的意义。现代的视角，现代的表现手法，在情境新意的开创、意象营造的巧妙上完成了某种超越。论者评价"古题新咏"是一种既具古典之美，又有现代诗风格的新古典诗歌。

《吴王夫差女小玉》具有神异的色彩。小玉与韩重相爱，"王怒不与，玉结气死，葬阊门外"。吴兴华略去了故事的一切情节过程，只抉取了"三年重往吊。玉从墓侧形见"，与韩重相聚这一特殊时刻，着力于表现人与鬼结合的小玉身上所迸发的生命激情。"吴越

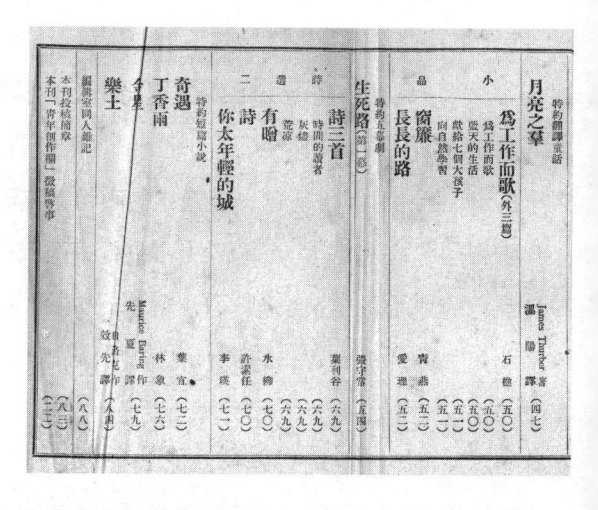

《文艺时代》创刊号目录

的战事，父王的暴虐，／小的悲欢都引退了"，一切"让路给初次完成，／凝固而沉重（假手于死亡）的爱情"。诗人重笔渲染小玉"她感谢死亡，把她从人世的／欲念牵挂解脱了，回到她本来的／纯净中，给爱情以自由的领土"。这里隐喻了人的生命形态的自由。现代主义色彩渗透在对激情、对死亡的关注之中，志异故事转化为现代文本。

《解佩令》也是取材于传说：郑交甫偶遇二仙女，向她俩索取身上的佩玉。"二女与交甫。交甫受而怀之，超然而去。十步循探之，即亡矣。回顾二女，亦即亡矣。"吴兴华透过故事表层深掘到人物的心理世界，反映出"人世所不解的、无私的爱恋"。仙与人身居两个世界，最终无法求得沟通。这一境遇背后隐含的是诗人身处乱世的疏离与陌生。古老的神话中注入了哲理的深邃。

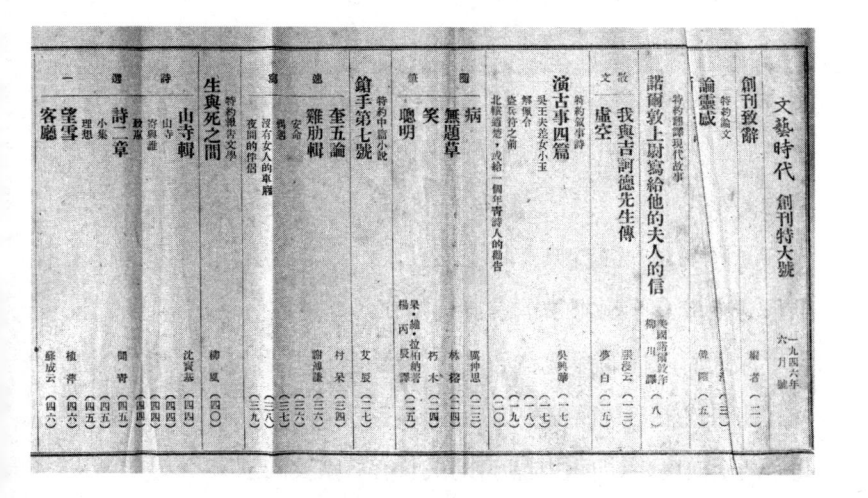

《盗兵符之前》叙述的是信陵君借助如姬窃得兵符解救赵国危难的故事，但吴兴华将《史记·信陵君列传》翻出了新意。诗的重点写"蛛丝蔓绕着兵书"，惨烈的战事结束之后，信陵君痛失如姬的心理感受。当信陵君"他口中醉呓着，把头／枕在妇人温暖的膝上时，才像闪电／照彻他脑中，那人长跽在柔软的席褥上／悲恸的光景，就像失去一生的依倚。／唯有在那时，唯有在极少同样的时间／他才亲切的觉到那些泪何其可贵。"全诗表现一种丧失后方觉珍贵的无奈的人生体悟，荡气回肠。

《北辕适楚，或给一个年青诗人的劝告》借用《战国策》中魏王欲攻邯郸，季梁劝止的典故。全诗在叙事的框架中引入了对话，避免了直白平淡。如写季梁觐见，魏王"有点不耐烦了，魏王扬着脸说道：老头子，你半路回来见我要干吗？……季梁咳嗽了一声道：

(着凉了,活该!)"魏王本来就不愿听季梁的意见,"着凉了,活该"应是他的内心语言,可见对季梁的厌烦。诗中这类从故事人物中跳脱出来的插白,或打趣,或挖苦,造成一种调侃油滑和讽刺诙谐的韵味。

吴兴华对中国古典文化浸淫日久,又深谙西方文学传统,在诗歌形式上着意于融汇中国古典诗歌和西方现代诗歌的构成因素,进行了深入而多样的探索。无论是"化古",还是"化洋",都视野开阔,技法成熟,从而使中国新诗在宏观上会通了"旧诗"与"西洋诗"两个向度,对于中国新诗的成长有着重要的意义。

三

北平学人是《文艺时代》诗作者的主体。

冯至是十四行诗的大家,杂志刊发的十一首,为1941年至1942年在昆明的旧作。遨游天地之间,探求人生奥秘,李广田称为"沉思的诗"。1946年7月,北大已经复校,冯至刚刚返平。编者感谢冯至将诗作交付发表,这对于"读者真是一件喜事",并引用冯至的名句"蜡烛在台上花花地爆,仿佛是今夜呀没有明朝"表示庆贺。

《柳丝辑》二十六首小诗,为南星作品。南星(1910-1996),原名杜文成,另有笔名林栖、石雨等。时在北大任教。抗战前后,已有诗集《石像辞》《离失集》《春怨集》和散文集出版。南星的诗抒写个人生活,少有时代、社会等大环境变化的记录。如《轻梦》:"时间似乎是静止的,/三月会在这儿久住吧/而我厌倦了它的云,

素絲行

看啊如同九天的銀河　從三個
姊妹手中流出來戚足的素絲
象徵和五指亂入品深的顏色
急促的波動重列下乘的盤裹

這樣頂績著軟弱無助如孤兒
當漆黑瞳子的她細心的擊起
另一個手持一管金葉的短尺
橫直的度量——像神度量著众今

不要把我向左推，也不要向右
加重祖左的資望或者減輕我
讓我片時停止在無限更要十
靜觀自己，戰慄而無方法捉摸

沒有形式也沒有先入的印跡
第一個來到就會佔據我全心
而你們將會走擾引著我三個
無名的姊妹，走上迎進的長路

吴兴华手迹

它的风,/和它的无数的莺啼。//我也无意去守望它的芳草,/或者它的下自成蹊的桃李。/我听见自己低低地说,/来了么来了么恼人的轻梦……"南星的好友、北大同门张中行赞扬南星:"词句清丽,情致缠绵",小诗"情深意远,动人心魄","常常使人想到庾子山和晏几道"。(《诗人南星》)

《山寺辑》的作者沈宝基(1908—2002),浙江平湖人。曾用名沈琪、金铎。北平中法大学毕业,留学法国。1934年获里昂大学文学博士学位,回国后在大学任教。他的诗受象征主义的影响,追求幻美;又有中国古典诗词的长处。"层层花梦/红雾里钟声/我是天外客吗/独来云路中"(《山寺》),充满灵动的诗句,有着如烟的朦胧如水的柔情。

魏或有《寄意》三章,分别写给三位诗友。《寄南星先生》写道:"是幽谷里青色的芦荻,/你有响尾蛇的步履/带来五月草的颜色。//果盘里有带着绿叶的青柚。//在阴湿生满苔藓的土地上,/你以苍白的手指/撒下了花木的种子,/为远方的旅人/安排花之伞。//我是花的精灵,/乃休憩于你的荫凉下/(一页诗篇搭成篷帐)/但盘里的青柚/有苦涩之味。"既是对友人的赞赏,也未尝不是诗人的自况。

孙道临(1921—2007),浙江嘉善人,生于北京。当时是活跃于北平诗坛的燕京学子,吴兴华的同窗好友。1939年至1941年的《燕京文学》《辅仁文苑》上,经常有他署名"孙羽"的诗、散文和小说发表。《星期日之夜》为《抒情诗三首》之一,追怀过往:"我坐着,/一手放在钢琴上/如往昔的星期日之夜一样/冬天在外面静止

谢冰莹（中）

着／风在小园内呼啸和驰走／仿佛有一个乐曲升降着／一架灰色的绳梯／引导着我的手，我的感情……／那时我有一个守寡的姊姊／坐在旁边，教我五线谱／她的声音像用圣水冲洗过一样的／安静，甚至我都厌倦呼吸了……／是的，那就是往昔的／星期日之夜，／而如今我用手／埋着头，为童年哭泣着／也许那是因为冬天在外面／姊姊的坟墓也耸立在外面"。华年胜境已逝，生命寂寞悲凉。

《你太年轻的城》的作者李瑛，1926年生于辽宁锦州，这时为北京大学中文系二年级学生。1949年后成为著名的军旅诗人。诗人歌颂小城，"在炮火里沉落的，／又在炮火里甦生起来"，"息了干戈之后／你仿佛年轻了许多"。"你生长出坚强的力量／对生活／充满了幸福的渴念"。"年轻的城，／你／走着，你笑／你歌唱"。诗人感到"小城的力量如同我的力量，／小城的年轻如同我的年轻"。这是因为:"这城里一切的什物/都具有美丽和智慧/在人类动乱的喘息中/同沉下严肃的身影"。节奏明快,热情洋溢。

四

小说是《文艺时代》又一个亮点。毕基初(1919—1976),山东威海人。辅仁大学西语系毕业,留校任教,直至抗战胜利。沦陷时期即是中共地下党员。小说《没有枪的两个》《永定河边的射手》《奸细》,都是以抗战为背景,或写浴血抗敌,或写狱中人物,为刚刚过去的历史留下印痕。《谷熟镰刀响》表现农村中的压迫所引起的反抗。他的小说风格粗犷,有种原始的雄浑。谢冰莹(1906—2000),湖南新化人。二十岁参加北伐,著有《从军日记》。抗战期间,组织"湖南妇女战地服务团"赴前线工作。她的小说《咏芬的死》《一个女游击队员》《晚间的来客》,都是为抗战中爱国忠勇的中国女性唱出的赞歌。

朱光潜的论文,杨丙辰的译作,徐祖正、常风、厉仲思、林榕的散文,作者多是在高校工作的教授,中外逢源,才学兼胜,充满"通""识"之慧,突出了《文艺时代》内容的厚重和多彩,为杂志平添了学院派的风情。

五

《文艺时代》留给今天读者意犹未尽的阅读遗憾。

艾辰的《枪手第七号》写在沦陷的天津租界里，地下工作者与日伪汉奸的尖锐复杂的斗争。"枪手第七号"陈璇勇敢机警，一个个汉奸敌酋死在她的枪下。小说情节紧张，高潮迭起。但连载至第六期却给人以故事未完而匆匆收束的感觉，是不是因杂志停刊而如此节略压缩？

柳风的长篇报告文学《生与死之间》，叙述"我"在日本侵略者监狱中的生活，表现了爱国志士对胜利的坚信，对敌人的轻蔑，严峻中不乏幽默。编者介绍："柳风先生，政治家，哲学家，心理学家，神学家，国学家，文学批评家。"（第一期《编辑室同人杂记》）柳风何人？

七十年岁月流过。当年作者如今尚健在的李瑛已九二高龄。但是，《文艺时代》，《你太年轻的城》及《文艺时代》上的其他著译者，诗人已全部忘却。留在印象里只有一点：当年能够吸引像他那样的热血青年投稿的刊物肯定是进步的刊物。他曾在《〈李瑛诗选〉自序》中说："我永远也忘不了我在大学时那一段峥嵘岁月。那时，我是在一边读书，一边在学生运动的激流中渡过的——我们组织社团活动，我们秘密印发传单；为生活所迫，我也曾利用课余时间教小学和做图书管理工作——在整个大学生活期间，最初是怀着政治上的苦闷，精神上的压抑彷徨和思考，后来则变成了积极的反抗和对革命的追求。"

一切都成为历史。

方然的《呼吸》

一

1946年11月1日在成都创刊的《呼吸》，文艺双月刊，十六开本。方然主编，呼吸社发行，联营书店总经售。

编者在发刊词《生命在进行》中说：

呼吸，是人底生存底第一要求，底第一权利。

一部历史，正就是万人底呼吸相激奔汇而来的河：意向浩浩荡荡的河，能力浩浩荡荡的河，声势气魄浩浩荡荡的河，节奏韵律浩浩荡荡的河。

必须有自由的空气！必须有新鲜的空气！

编者指出："虽然这呼吸的河本身永远不会有平静、凝滞、停止以及冻固，而圣徒们和暴徒们却企图以人为的严寒使它冰结，以无

《呼吸》创刊号刊影　　　　　　《呼吸》第三期的《一期小结》

情的铁掌迫之窒息。一部历史，因此也就是勇敢的人民正面了重大的痛苦进行着广泛的斗争之间的沉郁、深重、急迫或者爆炸似的一呼一吸吧。"但圣徒们和暴徒们的企图将永远是徒然的，这是因为，"生命不甘被灭绝！呼吸不甘被窒息！"

编者疾呼：

　　人要自由的、新鲜的呼吸！人不能够安于被窒息的状态和这一状态底无穷继续！

　　况且我们不但有权利，而且有坚信：我们一定要笑，灿然的最后最好的笑——这呼吸底煌然焕发的笑！

　　至少，我们也要打开这么一扇窗子，打开这么一条缝隙！

　　我们，愿和友人们、读者们共同呼吸！

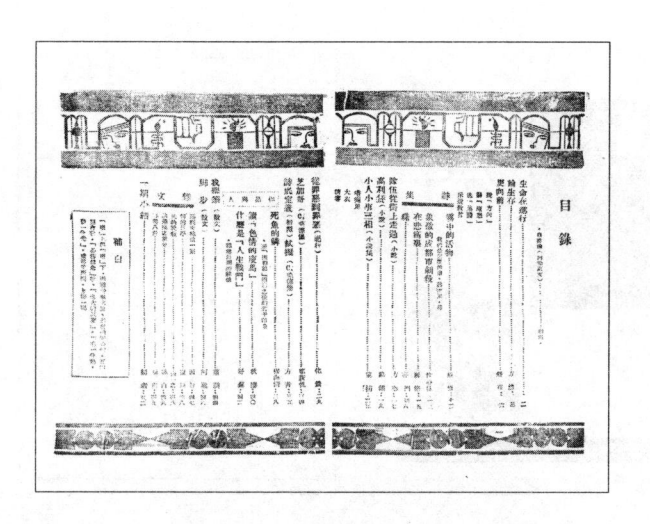

《呼吸》创刊号目录

主编方然（1919—1966），原名朱声，安徽怀宁人。1938年春到延安，入陕北公学。毕业后曾在延安文协工作。1940年延安方面为减轻国民党封锁边区造成的压力，组织疏散，方然回到重庆。1941年入金陵大学。

1945年，方然大学毕业到成都荫棠中学教书。他与同窗好友谢韬早几年就计划办个出版社，因为筹不到资金，未能实现。1943年春天，他的同乡挚友倪子明由重庆读书出版社调到成都联营书店。他征求倪子明的意见，倪认为办刊物比办出版社容易，于是开始筹备。方然为主编，约请阿垅（即亦门、曾心仪）加盟。在筹备中间，先是谢韬到重庆《新华日报》，后是方然到重庆广益中学。《呼吸》的编务实际上是阿垅在做。方然通过邮寄的方式，约稿写稿，尽主编的责任。

二

抗战期间,胡风先后主持《七月》(1937年9月至1941年9月)和《希望》(1945年1月至1946年12月)两个刊物,经历一次次停刊、复刊,不屈不挠地坚守了十年。《希望》停办之后,胡风的友人们在"散兵线"上创办了几个小刊物,《呼吸》是其中之一。《呼吸》的主创人员方然、阿垅、绿原、冀汸、舒芜、路翎、邹荻帆、罗洛、化铁、杨力(贾植芳)、萧荑等,大多是聚集于《希望》的作家。他们自觉是胡风的学生,心悦诚服的胡风的追随者。"《呼吸》整体表露出来的思想倾向和审美理想,和胡风及其群体也是一脉相承的。"(周燕芬:《因缘际会——七月社、希望社及相关现代文学社团研究》)当时文艺界称《呼吸》为"《希望》的成都版",应是对《呼吸》于《希望》的继承关系的极简说明。

《呼吸》刊载小说、散文和诗歌创作,如编者所言,发出"对当前的生活的政治的文化的祈求和抵抗的小小的声音",很有值得品味的佳作。但刊物的重点是杂文、随笔、报告等"突击性的短文",揭露现实矛盾,注重思想斗争。编者在《关于投稿》中声明:"我们要强烈的、新鲜的、特别是真实严肃的东西。凡是中庸主义的、没有凭据的乐观主义的、学院文章、圣徒嘴脸的、才子气的,一律拒绝。"与《希望》一样,《呼吸》强化书评,突显批判色彩和抗争姿态。

1942年抗战进入相持阶段之后，胡风说："这时候，'战争是长期的'，'战争过程是艰苦的'，才渐渐由理论的语言变成生活的实感。人民底情绪一方面由兴奋的状态转入了沉练的状态，一方面由万烛齐燃的状态转入了明暗不同的状态。人民底意志一方面由勇往直前的状态转入了深入分析的状态，一方面由因共同点而互相吸引的状态转入了因差异点而互相游离的状态。换句话说，战争已经由一时的兴奋生活开始变为持续的日常生活了。"胡风称，在这一特殊年代里，大后方"各种各样的文学倾向都抬起了头来。有的挂着利剑，有的敲着木鱼，有的穿着法定式样的礼服，有的披着艳丽纹彩的头巾，有的摊开了古老字画，有的搬寻着海外奇谈，有的把唾液当作茶水出卖，有的把肉麻当作有趣赠人……熙熙攘攘，具体而微地像是克里斯朵夫在巴黎所见到的节场一样。这叫做混乱。"（《关于创作发展的二三感想》）

方然在《"主观"与真实》中这样描述"混乱期""软弱、消沉、枯萎、虚伪、满足"的文坛现象："自抗战中期以还，我们的大后方的作家们，在与日俱增的冷酷、痛苦、错综的现实环境中，有好多似乎是受不了重压，经不起锻炼与诱惑，因而生活无聊而精神溃败"。"生活不认真，日常生活被当作'小节'，'私生活'不严肃，而又在'坛'上荡来荡去，不参加切实的点滴斗争，求进之事，于是，生活状态不仅是'窄狭'，而且是萎靡，苟安，小名小利的满足，打小算盘，市侩底愉乐，纵情声色，自得其乐，自欺欺人，麻木梦游，因之，造成情感底枯与思想底萎，甚至造成人格底堕落与立场底丧失。没有战斗生活，没有战斗人格，没有战斗艺术。以感情底枯与思想底萎,以小资产阶级满足的、庸俗的心境,无聊的欲望制造'革命'与'恋爱'的故事,或者以冷嘲观照的心境抓取片断的客观现象,发发牢骚……"

《希望》的书评,集中批判了充斥"混乱期"文坛的市侩主义、客观主义和色情主义。《呼吸》就是对《希望》关注的文学问题的继续辩难和深化。方然的《论生存》《文化风貌录》《"主观"与真实》和《死鱼的鳞——读〈困兽记〉两遍之后的若干印象》(署名"穆海清")、《读〈色情的瘦马〉》(署名"秋隐")等评论,对所论作品无一例外地做出了激烈而负面的价值判断。

《死鱼的鳞》批判沙汀的《困兽记》。《困兽记》"描绘乡镇的小学教员不甘平庸的志气受深度平庸的环境百般销磨所造成的心灵痛苦"(杨义:《中国现代小说史》)。方然则说,沙汀笔下的知识分子"经过了世故,便冷却了热情,并嘲笑热情,但心还未死,也就正因如此,反甘于苟安"。方然指责全书没有真诚和血肉,沙汀"凭着他的经验与机智","是会触着某些生活样相及性格特征的,但这些仿佛是鱼鳞一样,一片片闪一下光就完了。而且是死鱼的鳞!"

《读〈色情的瘦马〉》批判臧克家的《感情的野马》。长诗《感情的野马》写一个投身抗战在部队做文化工作的诗人对一个女性的追求。方然认为,它与"革命的浪漫主义"相距不知有几千万里。抨击臧克家:当抗战英雄吃香的季节,他有抗战英雄可卖;当有人跳起裸体的草裙舞来的季节,"他却也能不甘示弱地放纵出一批'色情的瘦马'出来,真令人想起一个性欲冲动的堂吉诃德!"

方然早在《希望》刊载的《释"战斗要求"》文中，已指出作家的"趋时性"正是市侩主义的典型呈现。同在《希望》上刊登的路翎的评论，直言姚雪垠的创作就是市侩主义的典型代表。

三

《呼吸》与《希望》一样，大批判的矛头指向当时颇具创作声誉的沙汀、臧克家、姚雪垠、碧野、王亚平、严文井、SY（刘盛亚）等一批左翼作家，锋芒甚至涉及到茅盾。不在左翼之列的徐訏、无名氏等也遭"扫荡"。这种主要针对左翼的内向性批判，无疑于开展了一场文坛的"肃清"运动。

"胡风派"批评信奉"文艺武器论"，服膺"党的文学"原则，"把文学的社会功用看得高于文学的审美价值"（刘锋杰：《中国现代六大批评家》）。整个抗战时期，胡风"始终自以为坚持的是革命文学的传统，始终自以为代表着文艺界统一战线的左翼"，"缺乏与民主作家合作的宽容与耐心"，"他对国统区响应'入伍'、'下乡'号令的作家非常轻视，甚至对宣传'国家至上'、'民族至上'的作家嗤之以鼻"（吴永平：《隔膜与猜忌——胡风与姚雪垠的世纪纷争》）。论者认为这应是胡风发动"肃清"的根由。

方然强调在创作和评论上"主观战斗"的要求，指出："主观战斗精神"，"第一，它是一种棒喝：'抬起头来！'从苟安萎靡中，抬起头来，看一看人生底高大的目的与艺术底高大的目的，好好做个'人'，这正是真实的实践底第一步。当然，抬起头之后，不用说,是要置身于民主斗争里,如'整风'所示的'改造',然后头方不再又低下去"。"第二,它是一种具体的、反击的战略。当其我们周围如冰桶时,条件、限制如此之多,满足与退步如此容易之时,稍一冷淡我们底情绪,便会马上麻木了我们底感觉"。"第三,它是一种结合。'主观',不是空气。它是包含着:感觉与思维,情感与思想;'战斗',一方面是生活中抗争,变革中的进步,'实践'与'思想认识'不断结合,而另一方面,也是感觉与思维结合,高扬,与改造的过程。""要将进步的阶级'观点'、'立场',渗透到行为与情绪中,然后才能产生艺术力"。"主观"的内容,就是"政治性与艺术性底统一,世界观与创作法底统一,观点与行动底统一"。(《"主观"与真实》)方然以"主观战斗精神"作为衡量作品的唯一尺度,显示出偏颇和武断。

方然和《呼吸》同人们反对"温和的批评",认为文坛之上时时出现两种人的神圣的嘴脸:一为流氓,一为娼妓。"温和的批评"即"对这两种人及其嘴脸,打拱作揖,哈着腰,送出大门之时,顺便谈两句客客气气的'批评'"(阿垅:《两种神圣嘴脸》)。"方然们"的批评态度激烈,语言尖刻,甚至粗俗粗暴,常常带有人身攻击的色彩。如说《感情的野马》是"在'革命'的棉被和'浪漫'的褥子之间白昼宣淫","其实不过是臧克家的手淫,而且在告诉读者怎样手淫的手势"(《一期小结》),宣称:"我很有理由不但要无情的撕烂这匹马的外皮同内肉,而且应该有情地(有着愤怒的激情地)对它唾骂。"

"方然们"的过激批评,遭到了非议,引发了被批评者的反击。姚雪垠发文直斥"胡风派""火气很大,口吻很左",指出"宗派主义是巩固联合战线的一大障碍"(《这部小说的写作过程及其他》)。

论者对"胡风派"的批评也有持另种看法,认为"《希望》用语尖锐严苛是事实,但背后隐含着的初衷是如'五四'新文化运动的偏激态度源于传统文化形成了铜墙铁壁式的堡垒,或者如鲁迅对于中国改革之艰难的体认,他们也意识到了所批评的思维趋向的严重性,需要大刀阔斧地批判才能得以肃清其不良影响。"(张玲丽:《在文学与抗战之间——〈七月〉〈希望〉研究》)这里说的是《希望》,也可移用于对《呼吸》批评的认识。

《呼吸》的主流是对黑暗现实的抗争,这一立场终为当局所不容,1947年3月1日第三期出版后被迫停刊。编者说,"人为的寒流不断侵袭而来,连体温也被冷却,连呼吸也被冻结,连常绿树也落叶而秃。"但是,"我们深信:将有真正的春天的;那美丽而且和煦的,那是属于我们自己的!不是么,那一半中国已经有了这样的春天,这一半,即使春冷冻牛吧,到底也不会有多少日子了吧。"(《第三期〈一期小结〉》)

四

1947年倪子明奉调上海,见到胡风,二人谈的主要话题就是《呼吸》。胡风说:方然"有的文章没有注意掌握分寸,用了些过于偏激的词句,这会增加人们的误解,也无助于文艺界的团结。"(倪

子明：《〈胡风杂文集〉的出版及其他》）

1949年方然到杭州任职，次年加入中国共产党。1955年清算胡风，方然在劫难逃。当年《希望》《呼吸》自以为普罗米修斯盗天火拯救人类（文坛）所进行的文学批评，这时成为他们一项"反革命"罪状。胡风在回忆录中记述：方然批评中的"这些过激的情绪也表露在私人的信件中，到了1955年一起拿了出来，就成了激起群众愤怒的宝贵材料！"方然被作为"胡风反革命集团骨干"而遭逮捕，妻子被迫离婚，老母悬梁自尽。十年后，方然获释，又逢"文革"，"旧案"重提。1966年9月自沉。"文革"结束后，方然得到平反。

五

胡风一生对中国现代文学的杰出贡献，令人敬重。"三十万言三十年"的"文字狱"大案，促人警醒。阅读《呼吸》，胡风和他的朋友们的"肃清"对进步作家的误伤以及由此造成的文坛内部的裂隙与纷争，又常常引发读者深思和痛楚，难以释怀。

《人世间》的来龙去脉

一

《人世间》是1939年在上海出版的一种杂志,读者常常容易将它和《人间世》混淆。

《人间世》是林语堂旗下的品牌刊物,以提倡"闲适"而广为人知。1934年4月在上海面世,半月刊,十六开本。1935年12月停刊,共出四十二期。

《人世间》的来龙去脉如何?检索《中国现代文学期刊目录汇编》(天津人民出版社)、《老杂志创刊号赏真》(河北教育出版社)、《上海图书馆馆藏近现代中文期刊总目》(上海科学技术文献出版社)、《抗战时期期刊介绍》(社会科学文献出版社)和《百年中文文学期刊图典(上)》(文化艺术出版社),发现五种工具书关于《人世间》的说法不一。更重要的是,与原刊比对,且都与刊物的实际面貌不尽吻合。看来,尚有梳理的必要。

《人世间》上海版创刊号刊影　　《人世间》上海版创刊号目录

二

  《人世间》创刊号版权页标出的创刊时间为1939年8月5日，半月刊。主编徐訏、陶亢德，发行丁君匋。徐訏（1908—1980），浙江慈溪人。陶亢德（1908—1983），浙江绍兴人，均为知名作家。丁君匋（1909—？），江苏江阴市月城镇人，著名出版人。

  这本十六开的刊物以散文、小品、随笔为主，次为小说、诗歌。第一期有傅东华的《赞土》、柯灵的《雨街小景》、周黎庵的《疚斋杂剧》、罗洪的《倪胡子》、毕树棠的《柯南道尔与哈葛德》与徐訏的诗、黄嘉德的译文。作者都是留在"孤岛"上海的文化人。卷首《目前孤岛刊物内容问题商谈》（内文题目为"目前孤岛的刊物内容商谈")发表了文载道、浑介、周黎庵、朱雯、柯灵、陶亢德等人的座谈摘要。大家的共识是:"我们应当用较严肃的态度,采用有益于抗战,有益于文化,有益于社会的文章。"另有"特辑"则专谈翻译,李健吾的《话翻译》、赵景深的《译文与风格》、赵家璧的《关于翻译》、汪倜然的《翻译小见》、何浑介的《谈翻译》,吉光片羽,见仁见智。

8月20日出版的第二期,有胡曲园的《自由与理性》、周作人的《谈关公》、谢闻玄的《三峡的水色》等,"作家书简一束"中收鲁迅、林语堂、周作人、朱光潜、老舍、谢六逸、谢冰莹的书简。看来作者已经不限于上海了。

亢德、徐讦有《关于本刊》,交代了刊名的来历:"《人世间》出版后,外面都以为《人间世》复刊了;其实这是有点关系的。有一次我们偶尔谈起《人间世》,碰巧良友公司丁君匋先生有意来经营,并且征得良友公司方面同意,愿意将它让我们来复刊,但我们考虑结果,觉得人间世社原以林语堂简又文两先生为首,今者这两位都不在上海,所以我们随便叫了一个《人世间》为名。"文章下文却出人意料:"第一期,赖诸位作家赐文,因此颇获读者爱护,销路不坏,不过因为纸价高涨,最近装订作又加价,虽然略有广告,还是无法打多少编辑费。而编辑者也是吃饭的动物,既不能依此为生,所以需另谋他事。亢德一方面忙着编《宇宙风》,现在又要译一本书,徐讦一个人时间也有限,为生活起见,势必多事写作,也谋教课;所以从下期起,我们不得不辞去编务,以后另由人世间社编辑部负责,想内容必较前更能精彩也。"

《人世间》上海版第五期目录　　《人世间》上海版第五期启事

这一期的版权页，主编已改署人间世社（应是人世间社。引者），发行人仍为丁君匋。

1939年9月20日第四期《人世间》出版后停刊，1940年3月1日复刊。刊期继续先前的编号，为第五期，但改为月刊。《复刊致词》说："本刊命名曰《人世间》，曾于民国二十八年八月创刊，由陶亢德、徐訏两先生主编。出版而后，陶徐两先生均以事冗不及兼顾辞去，再加上别种不可告人之隐的阻碍，不得不于出至第四期而暂告中辍。现在我们重起炉灶，另立阵容，略集旧伴，掺杂新人，由'闲人'之有兴于摇笔杆者，出来'看相'，继之以'笔录'或'抄译'，印以问世。""不可告人之隐"有意略过，接下来说道："至于内容方面，前出四期，以小品散文为主，但原有班底，既已一部分辞行，新组班底，角色全非。故腔调不得不略加更换；为选材便利计，当然只好注重译文。而我们之趣味所在，原是着重于笔录《人世间》之诸种相，古不问洋之东西，事之今古，我们都愿付之纸面，呈现于读者之眼前。"

实际上从第三期开始，文艺类作品已经减少。第四期的文字大多列入新辟的《议论》《人物》《国情》诸栏，不过尚有有钱歌川、丁谛的文艺小品。第五期刊发的文章就几乎全部是关于国际局势的介绍与评述，如《日本政权母体之探索》《东京通信：东京的怪现象》《在欧洲争霸的四大巨头》《战乱欧洲的现地报告》《不列颠帝国与欧战》《苏芬战争一瞥》等。作者也多为陌生的名字，不复既往。杂志的国际杂观、国际问题剖析、科学杂谈、现代思潮等方面的内容，对"孤岛"时期国人了解国际局势的变化和战争的进展很有助益。

这一期刊有三个启事，摘要如后：

《徐訏陶亢德启事》："鄙人等以事务冗忙，不克参与《人世间》复刊事宜。"

《人世间社启事》："敝刊创始于民国二十八年八月十日，原由陶亢德及徐訏两先生主编。创刊号发行以后，陶徐两先生即以事冗无暇兼顾辞去，刊行至第四期，因敝社绌于资力，无钱垫本，不得不暂行休刊。现纠合同志，凑成少数资本，并另聘专人主编，续行复刊。故俟后关于编辑事宜，与陶亢德及徐訏两先生已毫无关系。"

《丁君匋启事》："《人世间》创刊之初，鄙人原属发起人之一，故不揣陋拙，承乏为本刊之发行人。后以主编者辞职，社中又绌于资力，不得不于第四期后暂告停刊，然复刊之愿望，无时或已也。兹再集合同志，重起炉灶，继续发刊。"

凤子　　　　　　　　《人世间》桂林版广告

第二卷第一期1940年11月15日出版，"孤岛"已是战云密布。1941年8月15日第二卷第十期出版后停刊。12月8号太平洋战事爆发，"孤岛"沉没。

上海版的《人世间》共出十六期，第一卷六期，第二卷十期。

三

一年之后，《人世间》在桂林出版，主编凤子。

凤子（1912—1996），原名封季壬，广西容县人。著名演员、作家、记者。1942年夏秋之间，凤子由香港来到桂林。她晚年回忆：

在桂林的时候，出版人丁君匋来访，约我在桂林编辑和出版

《人世间》桂林版第一期刊影　　《人世间》桂林版第一期版权页

《人间世》月刊。当时从香港撤退到桂林的文化人很多，话剧演出、书刊出版很活跃，一时间桂林被称为"文化城"。我和朋友们研究之后，同意接编这个刊物，但要求改名为《人世间》，以区别于抗战前在上海出版的近似"礼拜六"派的《人间世》。我们既然要接编这个刊物，当然希望给人一个新的面貌。丁君匋接受了我的意见，在桂林办好了刊物登记改名的手续。我约周钢鸣研究编辑《人世间》的方针任务，并拟定编委名单，编委中有周钢鸣和马国亮。(《〈人世间〉的前前后后》)

这里凤子对刊名的记忆有误，桂林版封面使用的就是上海版"人世间"三字。出版广告在"人世间""封凤子主编"大字标题之后，这样写道："本刊由沪移桂，并自即期起改为纯文艺月刊，内容丰富宏大，撰稿者均为文艺界名家，每期十六开本，八十余面，凡十五万字。诚为国内文艺刊物之一支生力军。"

10月15日，《人世间》桂林版第一期出版。版权页署发行人丁君匋，编辑顾问徐铸成，编辑封凤子，出版者人世间社，总经售桂林集美书店。

编委周钢鸣（1909—1981），原名周刚明，又有笔名康敏、周达，广西罗城人。1932年参加"左联"。1934年加入中国共产党。曾任《救亡日报》记者，广州《国民半月刊》主编。马国亮（1908—2002），广东顺德人。1929年进入良友公司，1933年9月主编《良友》画报，直到1938年6月。后去香港。1942年初离港，辗转来到桂林。

这年秋末冬初，凤子去了重庆，《人世间》编务全由周钢鸣负责，版权页上就有了周钢鸣的名字。不久，周钢鸣也走了。刊物由马国亮继续编下去，他一直坚持到桂林撤退。

《人世间》原说是月刊，但战时困难重重，第一卷第一期出版后，直到1943年11月，一年多的时间只出了六期。马国亮回忆："我接手后，将版本由十六开改为三十二开。页数由八十页增至二百页。除保持原有的文艺作品内容，如该期有老舍、巴金的散文，沙汀的小说，王家棫的翻译文章等，也增加了一些经济、政治、社会、战时科学等文稿，例如千家驹的《战后法币会变成怎样》，斯诺的《史太林会不会对日作战》，美国一位空军中校谈《四万尺的高空跳伞》等。有战争报道，如常德前线的专访，也有沦陷区如长春、北平、上海等在敌人占领下的情况，还有书报评述、电影评介等。并有时事画页，刊出缅甸前线、雷多公路、开罗会议等六个照片专题。

还有古元的木刻，张光宇、张正宇、黄墅、黄超的时事讽刺漫画和速写，封面由张光宇绘的五色彩图。"（《良友忆旧》）

马国亮的编辑计划是要把《人世间》办成具有综合性的文艺刊物，以便能扩大读者范围。他和良友复兴公司的赵家璧商量，名义上仍是人世间社出版，实际上经济支持全由良友复兴公司负担。因此在第六期上曾刊登了这样的启事："本刊自二卷一期起，改由桂林桂南路懋业大楼良友复兴图书公司总经售。版本内容编排印刷均有变更，请读者注意。"

这个被称为"革新号"的第二卷第一期，直到1944年5月1日才出版。出版后不久，即面临敌军压境，桂林形势紧急，大家准备疏散，出版无法继续。

《人世间》在桂林共出七期，即第一卷六期，第二卷一期。

杂志先后发表的小说有司马文森的《落日》、沈从文的《芸庐纪事》、艾芜的《毛道人》、方敬的《秦老先生》、周钢鸣的《浮沉》、华嘉的《赵老师的悲哀》；传记有田汉的《母亲的话》、骆宾基的《幼年》；散文杂感有郭沫若的《月光下》、茅盾的《雨天杂写》、端木蕻良的《心浮私记》、李广田的《废墟中》、宋文彬的《关于死》、朱自清的《论自己》；诗有郑思的《无题》、陈迹冬的《乌夜啼》、严杰人的《祝福》、彭燕郊的《在城市里》、方殷的《囚室断唱》、杜谷的《夜的花朵》；剧本有章泯的五幕剧《苦恋》；评论有胡风的《抗日民族战争与新文艺传统》、黄蝇的《"诗歌与小说"试论》、穆木天的《论巴尔扎克的〈勾利尤老头子〉》等，另有杜宣译卢那卡尔斯基的《批评论》、彭慧译托尔斯泰的

《哥萨克》、林焕平译契诃夫的《红袜子》，及袁俊、胡仲持、周行等的译作。萧红遗述、骆宾基撰的《红玻璃的故事》，是萧红的最后创作，堪称她的人生遗言。

四

抗战胜利，凤子回到上海。她晚年回忆，1946年的秋冬：

> 叶以群同我谈，试找丁君匋洽商复刊《人世间》。当时要编辑出版一个刊物，首先得有出版证。我们想要登记出版一个刊物困难重重，而《人世间》曾在桂林出版，在上海可以申请复刊。我们的目的是他能同意给我们出版证，经费问题我们自己解决。丁君匋很爽快地答应给我《人世间》的出版证，只有一个条件，要保留他的出版人的名义。他抱歉在经济上不能出力，我也同意他的要求，所以上海出版的《人世间》发行人仍是丁君匋。（《〈人世间〉的前前后后》）

叶以群（1911—1966），原名叶元灿，安徽歙县人。1932年加入中国共产党，并加入"左联"。以群传达的应该是中共上海地下组织的意见。复刊《人世间》也是凤子的愿望。"既是复员，在感情上、良心上，都觉得有这责任，将这个小小刊物重新扶植起来。"（凤子：《复刊词》）

当时内战已经开始，要登记出版一个刊物几乎是不可能的事。

《人世间》上海复刊版第一期刊影　　《人世间》上海复刊版第一期版权页

拿到了出版证，还要办登记手续，掌握审查刊物出版登记权的是国民党上海市社会局。凤子托人介绍认识了社会局的局长李建华。解放后才知道李建华是中共地下党员。

登记获准，接着是经费了。经费来源之一是广告。刊物的广告除新拍摄的影片外，大都是与文化无关的，如煤号、运输、银行、饭店等。冯亦代付出了很大的劳动。令人难以置信的，竟然还拿到孔祥熙签名的一千元法币的钱票，他想不到赞助的是共产党办的刊物。

1947年3月20日，《人世间》出版复刊第一期。月刊，三十二开本。主编人凤子，编辑委员丁聪、李嘉、马国亮，发行人丁君匋，利群书报发行所总经售。第三卷第一期改署编辑者人世间社。编委李嘉（1918—？），江苏常州人，生于苏州。1935年考入日本东京帝国大学，抗战爆发后辍学回国。后在军中任职。战后回到上海，入《新

276

民晚报》任副刊编辑,同时编《人世间》。1947年入中央通讯社,奉派赴日,任东京分社主任。后旅居日本。编辑秘书姚平(1916—1961),浙江湖州人。统管编辑部一切行政事务,包括催稿、送审、发稿、校对、发行、财会、通信联络等一切杂差。凤子说:"我们有主编和编委,当然都是义务的。编委头两期是丁聪、李嘉、马国亮。第三期李嘉离沪,编委换了冯亦代。我是主编,而实际上从筹备到每期定稿,叶以群既是经理又是编委会的主持者。"(《〈人世间〉的前前后后》)

复刊的《人世间》鉴于经济窘迫和时世艰险,不得不办成综合性文化刊物。凤子在《复刊词》中说:"好在综合性的刊物,不妨碍我们精选几篇文艺作品;同时,多样的形式可以获得广大的读者们支持。"在《二卷赘语》中则进一步强调:"我们只要求本刊是一个真正的无所不包的'杂志',也许没有中心就是我们的中心,尽管失于杂,希望做到没有一篇不是值得一读的。"

《人世间》的内容有小说、诗歌、通讯、特写、报告、杂文、剧作、绘画及译文等。作者译者阵容强大,包罗广泛。郭沫若、茅盾、郑振铎、欧阳予倩、翦伯赞、沙汀、孟超、吴组缃、臧克家、丁玲、戴望舒、方敬、姚雪垠、徐迟、赵超构、萧乾、李健吾、马凡陀、雪峰、靳以、唐弢、吴祖光、戈宝权、顾一樵、盛澄华、赵景深、王任叔、方令孺、胡风、方然、路翎、阿垅、梅志、碧野、金近、陈敬容、唐祈、袁可嘉、冯亦代、袁鹰、田仲济、适夷、刘盛亚、郭风、杨云慧、罗洪、陈君葆、丰村、蒋天佐、秦牧、翁偶虹、郑君里、方纪、吴天、巴波、辛笛、李白凤、陆晶清、赵清阁、沈寂、叶冈、

苗舞 黄永玉

巴波、青苗、刘泮溪、潘际坰、万曼、许寿裳、景宋、董鼎山、骆宾基、许高阮等,当时著名的左翼和进步作家几乎尽在其中。刊物为纪念闻一多"周年祭"的特辑、"悼念许寿裳先生"的专辑,都是很有分量的文字。赵超构的《人世点滴》、雪峰的《寓言》、靳以的《人世百图》、冯亦代的《书人书事》等,均为脍炙人口的佳作。《囚犯》显示了年轻汪曾祺的才情。"这篇小说,显著的带有汪氏早期小说的特点,善于捕捉感觉,善于体味感觉,善于描写感觉。""善感物态,善阐物志,让人感叹汪曾祺体察物理人情的敏感精微和他状物传神的精妙。"(白水:《〈邂逅集〉之〈囚犯〉》)

第一卷出版还算正常。后来的一年多时间只出了六期,近乎是季刊了。凤子《二卷赘语》说,负责编辑的几位先生先后离沪,一切力量自然削弱了。另一方面物价飞涨,刊物成本日高,赔累过巨,经济上无力按期出版。1948年8月第三卷第一期出版后终刊。凤子在《〈人世间〉的前前后后》中说:"《人世间》从1947年4月复刊至1949年上海解放止。"记忆的终刊时间与事实略有出入。

上海复刊版《人世间》出第一卷六期,第二卷六期,第三卷一期,共计十三期(其中第二卷第二、三期,第五、六期为合刊)。

五

以下试对几种工具书记录《人世间》不够准确完备之处,稍作订补。

《中国现代文学期刊目录汇编》2347页:《人世间》,1942年10

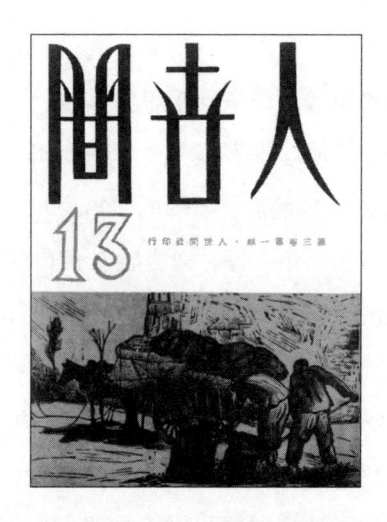

《人世间》上海复刊版第十三期刊影

月15日创刊于桂林，1944年5月1日休刊。1947年3月20日出版复刊第一期，1948年8月终刊。

按，桂林版为上海《人世间》"由沪移桂"，应有1939年8月至1941年8月上海版的说明。

《老杂志创刊号赏真》140页：《人世间》，月刊。1942年10月创刊，1945年停刊，共出十六期。

按，1942年复刊的《人世间》桂林版共出七期。"1945年停刊"，时间有误。

《上海图书馆馆藏近现代中文期刊总目》11页，介绍了两个《人世间》：

《人世间》，人世间社主编，1939年8月—1942年8月。

按，这一《人世间》，实际只是《人世间》第一次在上海创刊至休刊阶段。"1942年8月"的时间错误。

《人世间》月刊，封凤子编辑。1939年8月—1941年10月；1942年10月—1944年5月；1947年3月—1949年1月。

按，"1939年8月—1941年10月"这一段的《人世间》，与封凤子毫无干系。第三次终刊时间也非"1949年1月"。

《抗战时期期刊介绍》775页，也是分为两个《人世间》介绍：

《人世间》（上海），1939年8月5日在上海创刊，1941年8月15日第二卷第十期停刊。

《人世间》（桂林），1942年10月15日在桂林创刊，1944年5月因桂林撤退而休刊。抗战胜利后，1947年3月20日在上海复刊。1948年8月终刊。

按，桂林版《人世间》是假上海《人世间》复刊之名出版。

《百年中文文学期刊图典》247页：《人世间》，1939年8月5日创刊，半月刊。徐訏、陶亢德等编辑。人世间社印行。出版地上海。同年9月20日休刊。1942年10月15日在桂林复刊，改为月刊。封凤子、周钢鸣、马国亮编辑。先后由集美书店、人世间社、良友复兴图书公司发行。1944年5月1日再次休刊。1947年3月20日回到上海再度复刊。封凤子主编。先后由利群书报发行所、晨光出版公司发行。1948年8月终刊。前后共出二十四期。

按，1939年9月20日《人世间》休刊，次年3月1日即在上海复刊。这里误为"1942年10月15日在桂林复刊"。总期数应是三十六期，不知"前后共出二十四期"根据何来。

《文艺劳动》和"新中国文学期刊"

一

《文艺劳动》创刊号出版于1949年5月,月刊,三十二开本。版权页上标明"民国三十八年",此时的北平和平解放,改朝换代,已是共产党的天下了。编辑者为本刊编委会(北平西单宗帽四条甲六号转)。署名"编委会"的《寄作者和读者》明确说明了创刊的意图:

> 这时代是太伟大了。中国人民正在进行着翻天覆地的革命事业,进行着史无前例轰轰烈烈的英雄斗争;这一事业,这一斗争,即可取得全面的最后的胜利。在这一革命新形势和新高潮之下,文艺工作者如何配合人民大军的前进步武,尽一些自己应尽的使命呢?这是值得我们思考并且行动的。我们出版这么一个小小的刊物,也不过就是想着如何在革命大军中尽一个兵士应尽的

本分。

刊物取名《文艺劳动》,这是因为:

先哲们说过,文艺产生于劳动,劳动本身也就是一种斗争。文艺工作也就是一种劳动和斗争,而文艺工作也只有服役于人民的劳动和革命斗争,才有它的意义。

文章最后说:"这个刊物对于所有决心以文艺作武器为人民革命事业服务,并忠实和追求人民文艺这一方向的文艺工作者,特别是文艺战线上的'青少年们',采取衷心欢迎的态度,让我们共同学习,并肩前进吧!"

二

《文艺劳动》的《稿约》申明:"反映现实生活及人民革命斗争之作品,如诗歌、小说、报告、歌曲、剧本、木刻、绘画等,皆所欢迎,特别是工农兵的创作。"

《文艺劳动》的总体构架是以小说、诗歌为主体,每期占刊载作品的一半以上;其次是评论,尤其是对工人、农民、战士创作的肯定和评价;译文全为苏联作品的翻译,有文论也有小说;每期都有画页,大多是政治性突出的木刻。其中一期为毛泽东的浮雕头像。

杂志共出六期,目录如下:

《文艺劳动》第一卷第一期刊影　　　　《文艺劳动》第一卷第一期扉页

第一期（1949年5月15日出版，出版者文艺劳动社）

论文《旧作家·新任务》（高寒）、《熟悉什么生活》（王朝闻）；小说《老头刘满屯》（秦兆阳）、《浇园》（孙犁）、《腊梅花》（康濯）、《分水岭》（杨朔）、《火线上》（碧野）；诗《小沈庄纪事》（严辰）、《送参军》（艾青）、《赠英雄》（吕剑）、《捣米谣》（王亚平）；介绍《枪杆诗辑》（司空谷）；剧本《一场虚惊》（李建庆等）。

第二期（1949年7月1日出版）

新说书《宜川大胜利》（韩起祥　杨鸿章）；诗《五子图》（吕剑）、《笑》（贺敬之）；小说《李小蕊》（鲁芝）、《抗旱》（孙犁）、《三女婿逃难》（康濯）；散文《几个侧影》（胡风）；译文《苏联文学的创造性》（麦蒂娃，荒芜译）；秧歌剧《喜临门》（逯

《文艺劳动》第一卷第一期版权页　　寄作者和读者

斐）；评论《略论工人的诗》（方纪）、《反自然主义三题》（王朝闻）。

第三期（1949年8月15日出版，出版者改为中外出版社）

译文《列宁与苏维埃文学的诞生》（V.伊凡诺夫，朱维基译）；通讯报告《攻心战（外三篇）》（严辰）；小说《量才录用》（逯斐）、《保育班长》（黑黎）；诗《春旱》（王希坚）、《靠山王——东北解放区一个要饭人的故事》（丁耶）、《秋香》（李文辛）；散文《妇女积极分子会》（马文）；街头剧《买卖公平》（六〇〇团战士创作）；评论《〈买卖公平〉与"兵演兵"》（沈图）、《论工人诗的写作及其他》（萧殷）、《艺术性与思想性》（王朝闻）。

第四期（1949年9月15日出版）

译文《你们的文明是我们星球上的最丑恶文明——高尔基答美

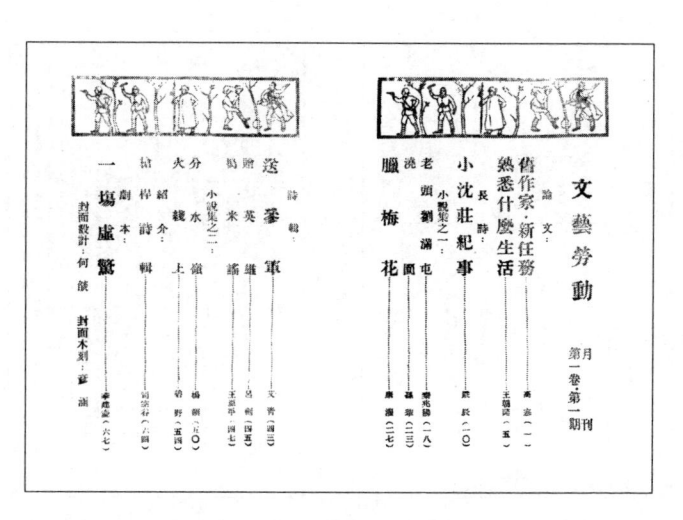

《文艺劳动》第一卷第一期目录

国杂志问》(萧三译)、《第一辆拖拉机》(帕文采夫,荒芜译);小说《光棍汉》(马烽)、《战地婚筵》(曾克)、《何花秀》(秦兆阳);报告《关于贺龙的传说》(康濯);诗《劳军小模范》(苏金伞)、《姑嫂》(唐达)、《支前诗抄》(李株)、《春云离婚》(王亚平);小歌剧《小两口拜年》(田林等);评论《没有泥腿,饿死油嘴!——民歌民谣中的劳动生活》(唐因);歌曲《红旗插遍全中国》(陈正词,林里曲)。

第五期(1949年10月15日出版)

诗《我们欢呼》(吕剑)、《国旗》(严辰)、《誓词及其他》(田间)、《劳动好》(王希坚);译文《为苏维埃爱国主义的戏剧而斗争——莫斯科剧作家与戏剧批评家会议纪要》(孙维世译,克夫校);小说《老瘾戒烟记》(马烽)、《从炕头走到田野》(申均之)、《红珠》(郭汉成)、《马小贵和牛连长》(骆宾基);剧本《胜利列车》(逯斐 乔羽);评论《再论形象性》(王朝闻)。

第六期(1949年11月15日出版)

诗《中华人民共和国颂歌》(公木)、《红灯笼》(李冰);译文《艰苦的节日》(西蒙诺夫,孙维世译)、《三十三天》(袁水拍译)、《高尔基万岁》(叶尔米诺夫,陈汉章译);小说《钟》(孙犁)、《三条牛的故事》(尹明);报告《团结沟》(王风)、《姻缘》(卢耀武);剧本《胜利列车》(逯斐 乔羽);评论《泛论真人真事》(萧殷)、《谈民歌的"比"》(严辰)。

延安文艺座谈会之后,文学成了政治体制运作中的一个齿轮和螺丝钉,被组织、安排和计划,成为党的事业的一部分。热爱新政权,歌颂革命领袖,渲染翻身喜乐与憎恨地主、敌伪,强化阶级仇恨,诅咒旧的制度,这是《文艺劳动》的主调。"穷人乐"和"穷人恨"是"延安文学中两种颇具影响力的叙事范型"(周维东:《中国共产党的文化战略与延安时期的文学生产》),这两种范型在《文艺劳动》刊发的作品中得到了充分的体现。

三

创刊号头条署名"高寒"的《旧作家·新考验》(目录标题为"旧作家·新任务")是一篇重要文章。

开篇作者指出:"由于中国人民解放战争的胜利及土地改革的实施,中国当前的社会已从根本上起着质的变化。""现在,文艺的性质，文艺的目的，以及文艺的对象都和以前绝然不同。""这种新时代和新社会给文艺作家带来新的课题或新的考验，对于一向在人民大众的生活过程或斗争过程中生长的作家，或者在理论上有修养，在技术上有准备的作家，这是不难克服，不难通过的。但对于大部分的旧作家这却是一道窄门，要通过这，即使不会真的如同骆驼穿过针孔一样的困难，但至少脱骨换胎，洗髓伐毛，这里必需经过一个蜕变、改造和新生的过程的。"

1949年政治格局已经基本确定，马列主义、毛泽东思想成为主导的意识形态，对整个知识群体（包括文艺工作者）的思想改造也拉开了大幕。"知识分子接受工农思想改造的规范理论正式确立，作为启蒙者的知识分子与作为被启蒙者的工农大众两大群体，终于开始了根本性的位置转换：知识分子成为大众的改造对象，工农大众成为教育知识分子的主体"（许志英：《中国现代文学主潮》）。文中作者强调，只有经过这样一个改造，即"极艰难的内心的斗争和辛勤的认真的学习，这时一个作家才可以如同隆冬的毛虫一样的，蜕变为新春的美丽的蝴蝶；或者如同污泥的秋蝉一样，可以突破了丑陋的硬壳，唱出了新的嘹亮的人间的声音"。要完成蜕变、改造和新生，作者指出，所有的旧作家所最不容易脱掉的最丑陋的毛衣或泥污的硬壳有三：第一，"个人主义或自由主义的思想，这在旧时代或旧社会，乃是文艺作家可以骄傲、被人尊敬的一种生活内容或思想内容"；其次，"对于文艺生活的一种优越感，也足以使文艺作家脱离群众或隔离群众"；最后，旧作家"习惯于使用或创造自己的言语，而不习惯于使用或学习人民大众，尤其是劳动人民的言语"。

文末作者重申:"这是旧作家的新课题,也是旧作家必得通过的窄门。旧作家必得有这种理解,有这种勇气,也有这种信心,先来改造自己,先有了适应于新社会的新的思想和生活,然后才可以创作新时代的人民的文艺。"

何谓"旧作家"？文中并没有清晰的界定,只是在说到通过"窄门"时,旧作家与"一向在人民大众的生活过程或斗争过程中生长的作家,或者在理论上有修养,在技术上有准备的作家"相比,有所不同。在《文艺劳动》发表作品的三十多位作家中,绝大部分来自陕北和晋察冀解放区,1949年后大多成为知名作家或省级乃至更高的文艺单位的领导；来自国民党统治区的胡风、骆宾基、苏金伞少数几人则为左翼作家。如果前者是"一向在人民大众的生活过程或斗争过程中生长的作家",后者是否属于"在理论上有修养,在技术上有准备的作家"？但是,政治的波谲云诡,实非新旧作家书生们所能预料。1955年胡风成为反革命集团的头子被捕入狱,1957年艾青、公木、吕剑、苏金伞、秦兆阳、荒芜等进入"右派"的网罗。1966年"文革"开始,大家无一例外地陷入浩劫。几十年运动不断,意识形态斗争愈演愈烈,文字狱字字必究,中国知识分子已经远不止于"脱骨换胎,洗髓伐毛"了。

四

在《文艺劳动》中内容和文风有点"另类"的文章有两篇。

孙犁的短篇小说《钟》(第六期)。《钟》描写十八岁的青年女尼慧秀爱上了麻绳铺里的工人大秋,很快有了身孕。此时正值抗战爆发,慧秀临盆时,大秋因村里抗日组织开会没有去。小孩生下之后,被老尼姑丢到墙外的苇坑里。几年之后,老尼姑死了,慧秀还俗,还分了地,也从事抗日工作。一天半夜,日寇包围了村子,汉奸逼慧秀指认抗日村长大秋,慧秀坚贞不屈,被敌人刺伤。伤好之后,慧秀和大秋结了婚,共同进行抗日斗争。1946年3月,孙犁在河北蠡县写了《钟》之后,写信告诉时在张家口的康濯。5月26日又给康濯信:"兹托张庚同志带去《钟》一篇,你看看是否可找地方发表,并来信提些意见。自觉其中小资情绪浓厚,不过既然产生,也有珍惜之念罢了。"9月1日再致康濯:"《钟》一篇不发表最好。但我又把它改了一次,小尼姑换成了一个流离失所寄居庙宇的妇女,徒弟改为女儿。此外删了一些伤感,剔除了一些'怨女征夫'的味道。我还想寄给你看看。"从中可以看到要否发表,孙犁有过迟疑,康濯似持善意劝阻的态度,理由或许就是其中的"伤感"和"哀怨"都有违主流革命叙事规范。

《钟》的发表,招致了两年后主流意识形态对孙犁作品"小资产阶级情调"的一次清算。1951年10月6日,《光明日报》以整版篇幅对孙犁展开有组织的批判,《钟》是一个主要靶子。批判孙犁的创作"依据小资产阶级的观点、趣味,来观察生活、表现生活","把正面人物的情感庸俗化,甚至是把农村妇女的性格强行分裂,写成了有着无产阶级革命行动和小资产阶级感情趣味的人物",指出这一倾向最露骨的表现就是《钟》。(林志浩等:《对孙犁创作的

意见》）

　　胡风的散文《几个侧影》（第二期）。1948年12月9日，胡风在中共地下党组织的安排下离开上海去香港。次年1月6日，与剧作家杜宣等从香港乘船到辽宁解放区。胡风在安东参加了劳模大会，参观了本溪煤矿和一些工厂。厂矿里优秀的工人和干部都给了他深刻的印象。3月26日胡风到北平后，陆续追记下他东北之行的所见所闻，《几个侧影》就是其中的一篇。

　　胡风笔下的人物，淳朴、热情、坚毅、踏实：一个相当大的轻工业厂的厂长，坐过国民党的牢，抗战时期打游击，非常爱自己的工厂。他正在读《鲁迅全集》，谈话中微笑着对胡风说："你们再不到解放区来，那真要对不起鲁迅了。"一个城市煤矿、铁矿开采的总负责人，"泛着红润的书生式的清秀的面孔"，从对敌斗争的农村生活里走来。他关心文艺和文艺运动，但和作者主要是谈工业建设，从现状到远景。一个重工业地区一大部门的负责人，他是上任不到二十天的化工部长。调动工作时，组织上问他：干工业好不好？他回答：——行！干工业就干工业罢，反正共产党没有什么干不了的事儿。文字间涌动的是发自肺腑的激越深情，表现了别样的文风。

五

　　《文艺劳动》的编者何人？据苏金伞《创作生活回顾》记载，应是严辰、吕剑、苏金伞和侯民泽。严辰（1914—2003），原名严汉民，另有笔名厂民，江苏武进人。吕剑（1919—2015），原名王

妯娌竞赛　　　　　　　　　　　　　　　　　石鲁

聘之，山东莱芜人。他们二人在20世纪30年代步入诗坛。后分别到晋察冀解放区，又于1949年进入北平。苏金伞（1906—1997），原名苏鹤田，河南睢县人，著名诗人。时在华北大学创作组。侯民泽（1927—2004），常用笔名敏泽，河南渑池人。当时任北平军管会文管会干事。后严辰、吕剑参与筹备创刊《人民文学》，侯民泽到《文艺报》，苏金伞回河南，《文艺劳动》停刊。

周扬在全国第一次文代会上所作的题为《新的人民的文艺》的报告中，把新文学的发展过程描述为从"五四"文学到解放区文学再到新中国文学的过程。解放区文学作为"新中国文学"的实验，奠定了"新中国文学"的基础与雏形。《人民文学》是1949年后党和国家体制内文学领域的最高刊物，肩负着完成建立典范、权威的"新中国文学"的政治文化使命。中华人民共和国成立之前，未来的首都出现的由共产党主管的第一份文学月刊《文艺劳动》，显示了"新中国文学期刊"的基本形态。

"第三种人"与《星火》

一

中国现代文学史上的"第三种人",是一桩说来复杂又评骘纷纭的公案。

《星火》是"第三种人"编辑出版的刊物。

二

"第三种人"的出现,始于一场文艺自由的论辩。

1931年年底,胡秋原主编的《文化评论》创刊。胡秋原自称"自由人",在《阿狗文艺论》等文中宣扬"文学与艺术,至死也是自由的,民主的",受到左翼理论家的批判,双方开始了针锋相对的辩驳。1932年7月,论战正酣,杜衡以"苏汶"的署名,发表了《关于"文新"与胡秋原的文艺论辩》,声援胡秋原。他指摘左翼文坛只要

《星火》第一卷第一期刊影　　　《星火》第一卷第一期版权页

行动，不要理论；只要革命，不要文学；只要煽动，不要艺术。他打出"第三种人"的旗号。所谓"第三种人"，指属于不满左翼文坛并要自由创作的小资产阶级作者。晚年胡秋原的说法是："一般人则大抵解释'第三种人'为国共以外的知识分子。"（《关于一九三二年文艺自由论辩》）杜衡的文章扩大了论辩的事态，招致左翼的大张挞伐，本来左翼与胡秋原的论战却转到了与杜衡论战的"新战场"。

杜衡（1907—1964），原名戴克崇，常用笔名另有苏汶，浙江余杭人。上海震旦大学毕业，1926年开始文学创作及翻译。1930年加入"左联"。

1933年年初，"第三种人"的阵容有了变化。一是杨邨人进入了这一行列，二是韩侍桁卷入论辩的旋涡。

《星火》第二卷第一期刊影　　杜衡

　　杨邨人（1901—1955），原名杨望甦，广东潮安人。1925年在武昌高等师范读书时加入中国共产党，后与蒋光赤、阿英等人开办春野书店，创办《太阳月刊》。1930年参加"左联"。左翼剧联成立后，担任第一任的党团书记。1932年夏秋，杨邨人曾去湘鄂西苏区工作。不久，杨回到上海，发表了《赤区归来记》《离开政党生活的战壕》，宣布脱离共产党。与此同时，又有《揭起小资产阶级革命文学之旗》一文，标举自己文艺观的改变："无产阶级已经树起了无产阶级文学之旗，而且已经有了巩固的营垒，我们为了这广大的小市民和农民群众的启发工作，我们也揭起小资产阶级革命文学之旗，号召同志，整齐队伍，也来扎住我们的阵营"。不仅自命为"第三种人"，而且还要"扎住""第三种人"的阵营，摆开阵势与左翼文坛分庭抗礼。

韩侍桁（1908—1987），原名韩云浦，天津人。南开中学毕业后，1924年去日本留学。1929年回国，曾在聊城山东省立第三师范教书。1930年到上海，参加"左联"。韩说："1932年7月，杜衡提出'第三种人'口号时，我还在广州，根本没有参与这个事情。""但我有个想法却为时已久"，"我认为在共产党和国民党对立的形势之下，并不是非此即彼，还有另外的道路，小资产阶级文学还有发展的可能。所以我赞成'第三种文学'的主张"。（《我的经历与交往》）1933年上半年，韩侍桁先后发表《论"第三种人"》、《"揭起小资产阶级革命文学之旗"》等文，全盘肯定了杜衡的文艺理论。

1935年初，三人组建星火文艺社。5月5日，在上海出版了社刊《星火》。

"第三种人"与左翼的论争，迁延六年之久。"七七"事变之后，韩侍桁在重庆发表《"第三种人"的成长及其解消》一文，宣称在团结抗敌的新形势下"第三种人"不复存在。这个文化团体才在中国现代文学史上消失。

三

《星火》的创办，韩侍桁的回忆是："1935年初，杨邨人、杜衡和我，还有一帮年青的朋友组织星火文艺社，想办一个刊物，那就是《星火》月刊。我们人手不多，也没有钱，我拿出二十元，杜衡拿出二十元，其他各人拿出四五元，才凑了一百多元作为本钱。以后据说社员每月得交三元的出版费。《星火》没有什么背景，不是

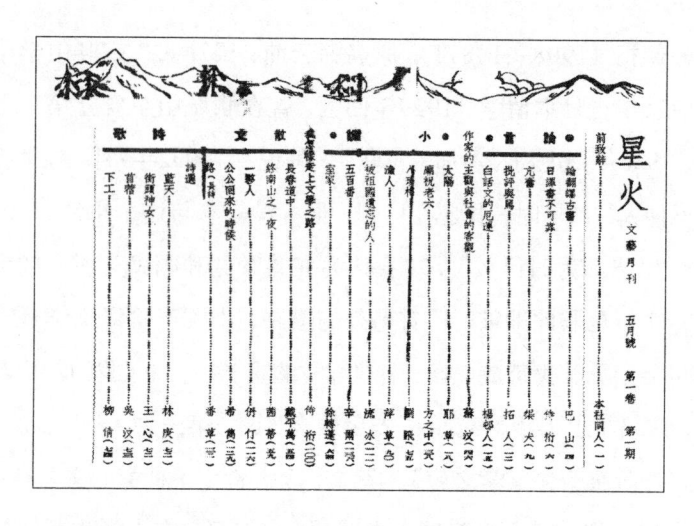

《星火》第一卷第一期目录

专门针对谁的,也不是《现代》的继续。《现代》是商办杂志,《星火》就是我们几个人集在一起搞的,由上海杂志公司经营,每期只印二千份。这本月刊大三十二开本,一百多页,很不起眼,社会上影响很小。出至第五期就蚀了本,卖出的刊物收不回钱。欠印刷所二百多元。印刷所上法院告了状要打官司,结果第六期出了一大张算是终刊号,就停刊了。它从5月创刊,前后延续了半年。"(《我的经历与交往》)实际上,《星火》共出八期,前四期为第一卷,三十二开本。1935年10月1日之后出版的第五期《星火》为第二卷第一期,开本改为十六开,钱君匋设计封面。1936年1月第二卷第四期出版后停刊。《星火》存在不足八个月。

创刊号署名"本刊同人"的《前致辞》,申明《星火》是一个同人刊物。我们的同人"都是诚恳的为文艺而努力的青年"。之所以要创办这个刊物,是因为"我们看到,在目前这充满了黑暗的文坛上,形成了军阀割据似的局面的文坛上,并不是每一个诚恳的为文艺而努力的青年都能得到他的应得的立足地。我们有创作的欲望,我们也都有发表的欲望,但是我们的作品是只配丢到编辑先生的字纸篓里去。我们知道也许自己的作品并不完全成熟,但我们也知道,即使是成熟的作品,要找到个发表的机会,也是像抽彩票一样的困难。在这种文坛已经被垄断的情况下,每一个有点自爱心而不屑于钻营逢迎的文艺青年,想要不消极,不灰心,便只有一条路可走,——那就是有一个完全是自己的刊物。"

版权页上编辑兼发行为星火文艺社,杜衡、杨邨人、韩侍桁是刊物的中坚。

《星火》每期大体分为文艺短论(论言)、创作小说、诗歌、散文、小品、剧本、论文和翻译,显示了多样化的特色。创刊号小说七篇,多是凝视现实生活、关注下层民生疾苦之作:方之中的《庙祝老六》从侧面描写了农村破产;耶草的《太阳》表现农村大旱中新旧思想的冲突;徐转蓬的《室家》写一家人中父亲失业后妻和子失望的情态;刘飞的《八珍梅》写一个渔行学徒因为恐惧被解雇而抱病干活,以求生存;萍草的《猎人》写洋鱼充斥市场,渔民生活雪上加霜;流冰的《被祖国遗忘的人》写流落他国的华人想回归祖国而不能;辛尔的《五百番》写一个刚出狱的囚犯又被冤入狱。同期,有署名"编者"的《编辑室谈话》,对小说逐个点评,估计出自杜衡手笔。第二期《星火》又有他的《关于文艺创作的若干问题》(署名"苏汶"),指出创刊号小说艺术上的不足,并论及文艺创作的问题。他说:"人物没有一个是上层阶级的,尽是些农民、工人、学徒、渔夫、囚犯、流浪汉之类,描写的人事似乎也都离不了衰落或贫困。特别是农村经济破产一事,仿佛已经成为我们的新作家所一致的爱写的题材,就像若干年以前大家都爱写着男女青年的恋爱故事一样。自然,我亦是承认写下层民众的疾苦,是要比写三角恋爱有意义得多,但一旦成为风气,一方面是把文艺所描写的领域不知不觉限制得非常小,另一方面,用同一题材的许多作品难保不陷入一种刻板文章的恶习。尽有许多作者,他可以单单凭借着一些粗浅的概念,再参考几篇别人的类似的作品,而就能敷衍成章,照这样,创作的意义就完全失掉了。"道出了小说创作主题先行以及公式化、概念化产生的原因。杜衡强调:"文艺作品应该不单单是表现一个社会现象,更重要的,是要表现社会现象对于人的灵魂所造成的影响;不单单是表现某一种人的物质生活的状态,最重要的是要表现物质生活对于精神生活所造成的变化。"《星火》写大众生活的小说,"执着地关注着社会个体在急转直下的社会状况下希望与绝望交织的精神状态,并不比左翼小说逊色"(鞠新泉:《无效的自救》)。

"第三种人"与左翼的笔战这时已经三年,过激理念的分歧和误会造成摩擦不断。有了《星火》就有了阵地,谩骂左翼成了它一个内容。杨邨人的《文坛三家》就鲁迅的《文坛三户》攻击鲁迅"这一种版税作家,名利双收,倚老卖老。"他以"巴山"署名的《文坛偶语》,连篇累牍,或指名道姓,或含沙射影,对茅盾、胡风、傅东华等冷嘲热讽。韩侍桁则讥刺左翼作家是"大花脸""太得意忘形"。左翼自然回应,骂战不息,可见双方结怨之深。

《星火》面世不久，北平的沈从文在以"炯之"署名的《谈谈上海的刊物》（刊1935年8月18日天津《大公报》副刊《小公园》）中，列出上海的五种文学刊物，《文学》《创作》《文饭小品》《新小说》之外，就是《星火》。一向持论甚严的沈从文这样评价：

《星火》有生气。这刊物有两点与一般刊物不同，一是短评，注重在指摘与揭发文坛当前的形势，有些什么可笑的人正在作些什么可笑的事，二是登载新人创作（这些人名字比较生疏，文字却还好）。不过这刊物引起读者注意若果只是前面一件事，即短评与文坛偶语，这些文章皆针对着一个目的，即是向异己者用一种琐碎方法，加以无怜悯不节制的嘲讽与辱骂（一个术语，便是"争斗"）。刊物若尽靠这种争斗支持，他的命运就不会好，不应好。

文末，沈从文颇为感慨地写道："争斗的延长，无结果的延长，实在可说是中国读者的大不幸。""一个时代的代表作，结起账来若只是些精巧的对骂，这文坛，未免太可怜了。"

纵览《星火》的目录，先后在刊物上发表作品的方之中、常任侠、戴平万、李溶华、侯汝华、周而复、马子华、白晓光、张露薇、甘永柏、王余杞、柳倩、厂民、戴望舒、钱君匋、李长之、林庚、沈圣时、黎锦明、陈瘦竹、高植、陈残云、李白凤、吴奔星、朱英诞、陈雨门、顾诗灵、柯灵等，当时已是有一定名气的左翼作家或自由主义作家，占作者的半数以上。另有不少为新进作家或无名新人。这一事实,既表现出刊物对文艺青年的影响,也反映出在政治激流之下静水流深潜伏的人情。"细看历史,则会发觉公论的剧烈相争,有时候并不影响私谊的延续与扩展"(唐小兵:《政治与人情的双重奏》)。

路易士晚年回忆说:"'星火文艺社'是一个有组织的文艺社团,设总社于上海,出《星火》半月刊,以杜衡、路易士和'三草'(指番草,即钟鼎文;萍草,即王萍草;耶草。引者)为核心人物,而以各地拥护文艺自由的文艺青年为群众力量,并视实际情形设置分社于外县市。"(《纪弦回忆录》)这里描述的星火社的组织、人员和影响都有着明显的夸大,成为与事实相去甚远的诗人的想象。

四

杜衡、杨邨人、韩侍桁长期与左翼对立,他们在文坛的生存环境也逐渐趋于艰难。

全面抗战爆发之后,杜衡先到香港,后去重庆,进入《中央日报》。1949年初随报社去台湾。1953年离开中央日报社,为台湾《新生报》《联合报》《大华晚报》等报撰写社评。

杨邨人后在河南、广东、四川等地谋职,也曾编辑报刊或在中学、大学任教。抗战期间,参加全国文艺界抗敌协会。1952年调任四川师范学院教授。1955年在肃反运动中自杀。陈梦熊《杨邨人其人其事》记:有关部门"近年已将他的历史问题作为人民内部矛盾处理"。

韩侍桁1937年到重庆中央通讯社任战地记者，1944年创办国际文化服务社。1949年后在上海编译所做翻译工作。他长期被指认是"国民党中央图书审查委员会的幕后黑手"，一直到"文革"之后才免于审查。（刘金：《忆韩侍桁》）

长期以来，"第三种人"一直被认为是反动的文化团体。论者将"第三种人"的历史分为三期：杜衡文章的发难及引发论辩是早期；杨、韩的加盟为中期；《星火》创刊，标志着"第三种人"进入了有比较严密组织的时期，也就是后期。从兴起、演变到消亡，种种原因促使"第三种人"的性质逐渐发生着变化："早期，它显然是无产阶级的'同路人'；中期，它在急剧地向右转；到了后期，它已沦为反动文化团体了。本此，左翼文坛与它的斗争的性质，也由一场内部的思想理论上的交锋转化为一场严峻的敌我斗争了。"（吉明学：《"第三种人"新探》）

但是，也有相反的意见：杜衡对国民党的高压政策、对"民族主义文学"都曾表示过义愤。同时，他对左翼的责难尽管言辞激烈、尖刻，但确有相当一部分触及了当时"左联"确实存在着的关门主义和"左"的倾向。"第三种人"不是革命文学的敌人，而是可以争取和团结的力量。

五

"第三种人"已成了历史的陈迹。

当年论战进入高潮时，中国共产党中央委员会机关报《斗争》

第三十期（1932年11月3日在上海出版），发表了署名"歌特"的《文艺战线上的关门主义》一文。文章指出：包括"第三种人"在内的非资产阶级的文学家，他们"不是我们的敌人，而是我们的同盟者。我们对于他们的任务，不是排斥，不是谩骂，而是忍耐的说服与争取"。歌特，即当时中共临时中央政治局常委、主管宣传工作的张闻天。

六十年后，著名作家萧乾在《想当初，胡乔木》（《读书》1993年10月）中记下了一件传闻："说来令人难以相信，但这是一位画家亲自告诉我的。一天，胡乔木忽然翩然来到他在三里河的寓所。谈起30年代对第三种人的斗争，他忽然说：'国民党是一小撮，共产党就全国而言，也是少数。真正的大多数是第三种人哩。'"

。

曾今可与《新时代》月刊和"词的解放运动"

一

曾今可（1901—1971），原名曾国珍，笔名君荷、金凯荷。江西太和县人。早年就读于江西省立第四中学。1919年夏，任赣南学生联合会总干事，因参加"五四"运动而被开除学籍。后留学日本，入早稻田大学政治经济系。归国后参加北伐，在京、沪、杭、鄂等地，或充记者，或任军中文书。

1928年，曾今可往上海从事文学活动，参加力社。1931年8月，在上海武定路创办了新时代书局，刊行《新时代》月刊，三十二开本。当月的《申报》上有《新时代月刊创刊号出版》的广告："《新时代》月刊为曾今可主编，创刊号今日出版，钱君匋作书面，有华林、毛一波、卢剑波、袁牧之、李则纲、曾今可、崔万秋、虞岫云等人之作品，计十余万字、三百余页。"创刊号曾今可的《随便说几句》称，"《新时代》月刊是一个纯文学刊物，她没有什么政治背

《新时代》月刊创刊号刊影　　　　曾今可

景,也不谈什么主义"。

1933年春天,青年作家温梓川与曾今可第一次见面,为读者留下了曾的速写:"他是一个小胖子,圆圆的脸孔,很饱满,只是一头乱发,掺杂了不少的星霜白发。看起来倒像一个商人,不像是一个诗人。不过那份天真和率直,是一个诗人所不能缺少的那份素质,他是不会没有的。"(《曾今可宣告文坛下野》)

曾今可除了编杂志,还有短篇小说集《爱的逃避》《诀绝之书》《法公园之夜》、长篇小说《死》、散文集《小鸟集》《今可随笔》、诗集《爱的三部曲》《两颗星》等书出版。

1930年前后的上海文坛上,曾今可称得上海派中一位丰富多彩的成员。

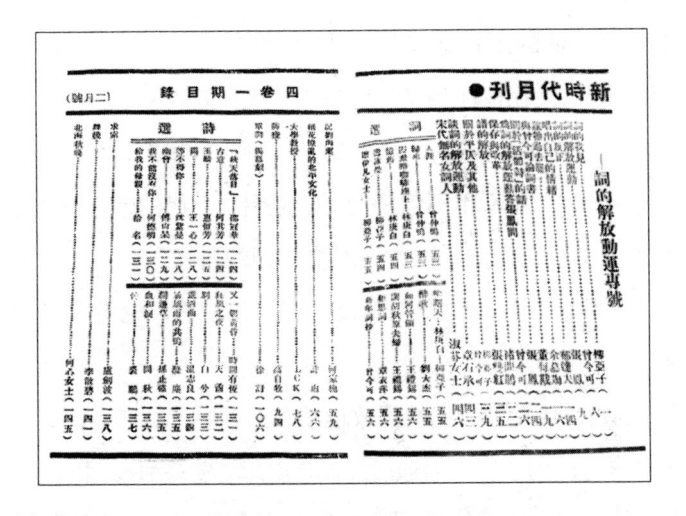

《新时代》月刊第四卷第一期"词的解放运动专号"目录

二

曾今可在中国现代文学史因大肆鼓吹"解放词"而名噪一时。

20世纪30年代,"诗的解放"运动取得重大成果,新式的自由诗体已经在文坛稳稳地站住了脚跟,当年发起"诗体大解放"的胡适等也已功成名就。曾今可在1932年11月20日《时事新报》的《学灯》副刊,登出了专论《词的解放运动》,要学胡适"尝试"诗的解放的成功,决意"现在为'词的解放'而'尝试'着",做一个青史留名的"词的解放运动的首创者"。1933年2月,《新时代》月刊第四卷第一期刊出了"词的解放运动专号"。

这期"专号"刊发了柳亚子、曾今可、张凤、郁达夫、余慕陶、董每戡、褚问鹃、张双红,章石承、淑芬女士等人的讨论文章。论者支持赞许"词的解放运动",认为当代人填词要在内容上大胆革新,要善于"利用着旧的格式装饰些新的情调","要抓住了时代,而适应目前的环境","灌进新的生命,写我们今日的事,说我们今日的话","在不粗不细之间,以能唱出自己的情绪为大道",为词找到一条新的出路。同时,围绕"词的解放",词的平仄、押韵、调名的废存、典故的弃用以及内容、意境等,论者也提出了有益的意见。

今日回首,应该说"词的解放运动"无可厚非。许多新文学家年轻时视旧体诗词为"迷恋的骸骨",老年却"勒马回缰写旧诗"。其中原因自然很多,但旧体诗词的文化魅力则是它生命力和延展力的一个重要因素。八十年旧体诗词的创作实绩,显示出这一文体顽强的艺术力量。

"词的解放运动专号"有一组"词选",刊登了曾仲鸣、林庚白、柳亚子、王礼锡、章衣萍、曾今可等人的"解放词"。小词的主调是感事伤生,如刘大杰"人生能几,我又春秋添一岁"(《减字木兰花 醉秋》),章衣萍"看月楼上年华老,别离那有相逢好"(《菩萨蛮 相思词》)。也有调笑嘲谑的游戏文字,林庚白、柳亚子的《浪淘沙》是写给章衣萍夫人吴曙天的,题曰《嘲曙天》:"本是老板娘,变小姑娘。蓬松头发绿衣裳。低唱浅吟音袅袅,端的疯狂。家世旧高阳,流转钱塘,漫言徽歙是儿乡,好把情书添一束,看月回廊。"王礼锡的《如梦令》,如题《调胡秋原夫妇》所示,与胡秋原夫妇开了个玩笑:"不相识时烦恼,一相识时便好,好得不多时,爱找边纽儿闹。别闹,别闹,惜取如花年少。"

新文学诗人的旧体诗，有时也不免落入旧文人的窠臼，芳馨悱恻，软语绮怀，流于骀荡。"专号"出版几天之后，《申报》副刊《自由谈》上就有茅盾（署名"阳秋"）的批评文章。"词选"中曾今可的《画堂春》"一年开始日初长，客来慰我凄凉。偶然消遣本无妨，打打麻将。都喝干杯中酒，国家事管他娘。樽前犹幸有红妆，但不能狂"首个中枪。文章以打油诗结束，嬉笑怒骂，还治其人："人家时长日也长，自该'消遣''打麻将'；'时代'新了你守旧，管他娘呢管他娘！"由此开始，《自由谈》连续发表了十多篇有关曾今可"词的解放运动"的评论。

荷兰学者贺麦晓（Michel Hockx）说：《自由谈》的批评，是"曾今可的词的文体与语言的某些形式方面，足以产生与一种完整的生活方式的关联，而这种生活方式超出了现代性的边界，它既是保守的，也是不道德的"。（《文体问题——现代中国的文学社团和文学杂志（1911—1937）》）茅盾（署名"玄"）的《何必"解放"》指出："由新的内容产生了新的形式，才能算是文艺上的某种'解放'"。而曾今可等人的"解放词"、白话诗，在思想意识方面，"实在还是封建思想的蝼蛄子，——从那种穷愁牢骚的呻吟到才子佳人式的新恋爱描写，无一不是封建诗人的瘦影子"，是"新店里卖旧货"。曹聚仁的《词的解放》则对"词的解放"从根本上加以否定：曾今可认为"词的解放"是胡适1917年"诗的解放"必要的延续，是经不起审慎考察的。因为词，作为诗的一类，是胡适已经解放了的一部分。像曾今可这样用通俗语言写词，将词带回到它的民歌起源，实际上是限制而不是扩大了词的文学潜力。词的任何复兴，无论是用什么方式,都与现代的需求相冲突。词有自己的辉煌时代,但它早已经被埋葬,没有任何理由去挖掘它。

"词的解放"又随着《曲的解放》声名远播。1933年2月21日,日军进攻热河,热河省主席汤玉麟仓皇逃跑。3月4日,日军仅以一百余人的兵力就占领了省会承德。3月12日,鲁迅写《曲的解放》讥刺汤的歹行丑态。文章径直从"词的解放"落笔:"'词的解放'已经有过专号,词里可以骂娘,还可以'打打麻将'。曲为什么不能解放?也来混账混账?"文艺界鄙薄不满曾今可的"解放词",不仅因为词作的保守庸俗,艺术上并不高明,更是由于吟风弄月、度曲酬唱的意涵情调与国难当头、民族危亡的时代民心格格不入。《曲的解放》把曾今可的"国家事管他娘"和时政捆在了一起。

中国现代文学史对这段公案通常的表述是:曾今可在国难当头之时邀集闲居上海的柳亚子、刘大杰、郁达夫等一群文士发起了一场"词的解放运动",宣扬"救国不忘娱乐"的享乐意识,而受到鲁迅等人的抨击。

三

1947年4月,在《画堂春》引发纠纷的十余年之后,曾今可在《论语》(第一百二十六期)上有《从管他娘说起》一文,旧事重提:"这不过是十多年前的事,那时候的国际环境和国内情形,大家一定还记得很清楚;那时候的'国家事'我们是不能'管'也无法去'管'的。管不了就只好不管。——'管他娘'就是这个意思。'客

《新时代》月刊第四卷第一期"词的解放运动专号"刊影

曾今可《新年词抄》

来'乃指'李顿调查团','红妆'乃指'苏联'。读我词的人,知道我的意思的很少,误会的很多。于是,全国的报纸杂志攻击我,但我没有答辩过。"诗中的"客来""红妆"是否如曾今可自己所说的蕴含寓意,无从考索。当事人事后的陈述,也不能作为判断诗人本意的依据。

关键是诗作实证。

"专号""词选"中常被作为批判靶子的《画堂春》,仅是曾今可的《新年词抄》一组词的四首之一。同期刊载了另外三首,即《如梦令》《误佳期》和《卜算子》。论者檄文中经常引用的是《画堂春》,偶尔加上《如梦令》:

红绿灯笼明处,圣诞老人暂驻。一个小花园,挤满青年男女;跳舞,跳舞,围着那长春树。

或《误佳期》:

红木路旁延伫,曾记游春旧侣;流光如驶又新年,怕向街头去。她已作人妻,我亦为人父;不知何日再相逢,独自愁无语!

视同未见的唯独这首《卜算子》:

东北正严寒,不比江南暖;伪国居然见太平,何似"中原"乱?"全会"亦曾开,救国成悬案;出席诸公尽得官,国难无人管!

讥刺"伪国"太平而"中原"内乱,为"救国成悬案""国难无人管"大声疾呼。这样内容的词却被完全屏蔽。

贺麦晓说:"如果两首诗(指《画堂春》和《卜算子》。引者)被放在一起阅读(它们应被纳入词的传统,这通常是形成对照的成双结对出现的诗的协作),那么,在我看来,作者正确的爱国立场是很明显的。"(《文体问题——现代中国的文学社团和文学杂志(1911—1937)》)

1931年"九一八"事变发生不久,曾今可就有《沈阳的炮声》的评论,谴责中国政府对日本侵略的不抵抗政策。文章收入曾今可的《小鸟集》(新时代书局,1933年1月1日出版),全文引录如下:

感谢沈阳的炮声,惊醒了我们中国人民的好梦。

自日兵侵掠东北以来,国人奔走呼号,群情悲愤;抵制日货较以前更坚决。救国义勇队每日报名加入者数百人,各学校亦皆加紧军事训练,组织学生军和救护队,虽然是"临时抱佛脚"未必有济于事,但民气之激昂于此可见一斑。民气如此激昂,而"士气"——此士乃将士之士,非博士学士之士也,——如何呢?

我们的政府犹是"静观自得"似的,这态度实足以使东邻小丑汗颜无地。蒋主席对从上海到南京去请愿的大学生们演说:"你们回去读书。外交上的交涉自有政府负责。如果你们真是爱国心切,不回去读书就在这里当兵!"答应去当兵的是没有一个。大学毕业后不是可以做官吗?

我们常说:"宁为玉碎,勿为瓦全!"此时既不愿"玉碎",则恐将来欲求"瓦全"亦不可得!大家都知道,在民族斗争之中,为民族的生死存亡所系,唯有从斗争中方能获得生存。假使我们全国总动员,把我们所有的力量去应付敌人,彼东邻小丑当不复跳梁矣。

但是,我们的政府所采的是无抵抗主义的外交,并且当此国将不国之时,犹复不能无条件的团结,将来交涉的结果自难免不趋于妥协。"事实胜于雄辩",我们且看着事实吧!

一九三一,十,廿

抗战时期,曾今可始终在战区和游击区担任文化宣传和新闻等工作,表现了一个坚守民族气节的作家的基本态度。

四

《新时代》月刊1937年4月停刊,共出四十期。

贺麦晓在《文体问题——现代中国的文学社团和文学杂志(1911—1937)》一书中,用第六章(《文体中个性:"骂"的批评与曾今可》)近一章的篇幅,论述《曾今可和〈新时代〉》和《词的解放》。贺麦晓认为《新时代》月刊是成功的:它发表了上海文坛大多数著名作家的作品,同时吸引着与文学圈子有联系的驻京作家,包括沈从文和臧克家、何其芳这样的新星诗人;它致力于树立作家的公共形象,不仅让读者了解他们的近期作品,还提供与作家个人生活有关的广泛消息。每期的《文坛消息》栏目，有时以十几页的篇幅报道的这类信息，成为读者欣赏作品的必不可少的背景知识。

贺麦晓称道"曾今可是一位非常娴熟的编辑，他使《新时代》以其独具魅力的将严肃和稍微有点不严肃的内容混杂在一起的做法，成为一份主要的文学杂志"。赞赏曾今可对待杂志运行的非常专业的态度。"早在第一期，他就承诺《新时代》会准时于每月第一日出版。这是当时无数的新杂志都曾许下过的诺言。然而，曾今可确实遵守了诺言，将《新时代》变成了1930年代早期最准时出版，同时也是持续时间最长的杂志之一。"

如何评价《新时代》月刊及曾今可，自然可以讨论。但如贺麦晓指出："今天大多数参考文献和中国现代文学史的概述，也将对曾今可和他的杂志的讨论局限于这一首诗（指《画堂春》。引者）和相伴随的事件上。不管人们如何看待曾今可自己的写作，这种由文学史家做出的轻率的讨论是令人遗憾的。"

五

曾今可在抗战胜利后以上海《申报》特派员身份去了台北。1947年主编《建国月刊》并创办《诗坛》。1948年夏任台湾省通志馆主任秘书，《台湾诗选》主编，台湾文献委员会主任秘书、委员等职。1957年又与于右任创设"中国文艺界联谊会"，任秘书长和副会长，并于1964年当选国际桂冠诗人。

时光不再。通志馆无官商人等临门,生活清闲寂寥,曾今可有"解放词"记曰:"馆员无利更无权,弊绝风清乃自然。请问事权谋利客,有谁来此结穷缘?"(《夏日馆词三首》之二)

后 记

读民国文学旧刊最初是从左翼的刊物开始,主要是比较容易获取。《纸页上的文学记忆》记录五十种民国文学短刊,左翼期刊就有三十多种。随着阅读的深入,自由主义作家的《狮吼》《红叶》《六艺》《谈风》,北大、南开学人的《绿洲》《人生与文学》《文艺时代》等珍稀期刊,为我展现了更为宽广的天地。《旧时文事》和这本《刊影流年》,记下了我的阅读感受。

我在文中所谈的只是一个刊物的一枝一叶,全面的深入的研究需要专家来完成。评价一个刊物,重在实证。只有依据刊物的原貌,进入当时的历史情境,才能揭示出围绕刊物的复杂的文学生态,从而达到客观公正的认知。

收入本书中的文章,部分曾在《寻根》杂志刊载,结集时做了小的修订和增补。

期待着识者指正。

何宝民记于郑州,时在二〇一八年十月二十三日(农历戊戌年九月十五,是日霜降)。

何宝民作品

《寓言十家》
《鸣溪谷书话》

《纸页上的文学记忆:民国文学短刊经眼录》
《旧时文事:民国文学旧刊寻踪》
《刊影流年》

《书衣二十家》
《装帧如花:文学旧刊装帧十题》